常青藤 课堂教学/课堂管理

What Do You Say When...? Best Practice Language for Improving Student Behavior

老师怎么说 学生才会听

白金版

【美】哈尔·霍勒曼
佩吉·耶茨
Hal Holloman
Peggy H. Yates

中国青年出版社
CHINA YOUTH PRESS
中青文传媒

图书在版编目(CIP)数据

老师怎么说，学生才会听 / (美) 霍勒曼，(美) 耶茨著；魏蓝，沈冰洁，田丽译.
—北京：中国青年出版社，2013.1

ISBN 978-7-5153-1205-7

Ⅰ.①老… Ⅱ.①霍… ②耶… ③魏… ④沈… ⑤田…

Ⅲ.课堂教学—教学法 Ⅳ.G424.21

中国版本图书馆 CIP 数据核字（2012）第 259154 号

What Do You Say When ...? Best Practice Language for Improving Student Behavior
By Hal Holloman and Peggy H. Yates

老师怎么说，学生才会听

作　　者：[美] 哈尔·霍勒曼　佩吉·耶茨
译　　者：魏　蓝　沈冰洁　田　丽
责任编辑：周　红
美术编辑：李　甦
出　　版：中国青年出版社
发　　行：北京中青文文化传媒有限公司
电　　话：010-65511270 / 65516873
公司网址：www.cyb.com.cn
购书网址：zqwts.tmall.com
印　　刷：大厂回族自治县益利印刷有限公司
版　　次：2013 年 1 月第 1 版
印　　次：2021 年 11 月第 6 次印刷
开　　本：787 × 1092　1/16
字　　数：112 千字
印　　张：11
京权图字：01-2012-7618
书　　号：ISBN 978-7-5153-1205-7
定　　价：39.00 元

目录
Contents

前 言

Preface

想让学生听话，先教孩子做人

我得到一个恐怖的结论，发觉我是教学成败的决定因素。身为老师，我掌握无比的权利，使学生过得悲惨或快乐。我可以作为折磨人的工具或激发灵感的媒介。我能侮辱人或使人开心，也能伤人或救人。无论在什么情况下，我的反应决定了危机是扩大或是缩小，是教化或兽化学生。

——海姆·吉诺特

老师，您被学生气得“无语凝噎”过吗?

好吧，有时候，我们努力教给学生礼貌，但他们依旧粗鲁；努力教给学生整洁，但他们却很邋遢；努力教给学生合作，但他们却朝你翻白眼儿。面对拥挤的课堂，学生无休止的提问，突发的危机，老师们头都大了，您愤怒、沮丧、力不从心，这时候，该怎么做呢?

事实上，聪明的老师有一件治理课堂的利器，他会通过运用“最佳实践语言”来保护自己和学生——“我们来谈谈吧”“这是我的底线”

等等，这些言语要安全得多，远胜于“你简直是个害群之马”“看看你都做了些什么”“你真是太讨厌了”“你以为你是谁”……

接下来我们这本书讲的就是能在课堂上发挥神奇功效的语言——“最佳实践语言”，它给您一个全新的视角，让您通过语言的角度来解决那些维持课堂秩序的难题：当……时，你该怎么说?

本书中包含数百个我们称之为“最佳实践语言”的语言范例，来帮您应对形形色色的课堂秩序问题——第一章和第二章讲的是“最佳实践语言”的概念和改善学生行为的“最佳实践语言”类型，共有十一种类型，我们给老师们准备了很多例子。

第三章至第十三章展现了课堂上常见的维持课堂秩序的各种情景。每一章都以“当……时，你该怎么说? ”这个问题开始，针对改善课堂上的学生行为提出切实可行的讲话方法。第十四章和第十五章介绍如何用“最佳实践语言”在您的学校发起变革，让您的课堂和学校产生翻天覆地的变化。

“尊重性的最佳实践语言”教会我们：智慧的起点是沉默，然后是倾听；“高期望值的最佳实践语言”教会我们：权威需要简短；要学会少说多听；“关爱性的最佳实践语言”教会我们：当出现问题时，不是教育人的好时机；“关系性的最佳实践语言”教会我们：不要空责备，要寻找解决办法；“宽恕性的最佳实践语言”教会我们：回应抱怨时，尽量不要辩解或抱怨，要避免让孩子尴尬；“指导性的最佳实践语言”教会我们：对孩子的心说话，而不要对牛弹琴。

当然，作为教师的您也要有充分的心理准备，教师的黄金定律是：想要控制学生是痴心妄想，无论我们如何做，如何说，都不可能靠什么方法完全掌控课堂。很多时候，我们需要扪心自问：我让孩子感到痛苦还是快乐？我伤害了孩子还是激励着孩子？我让危机升级恶化还是逐步化解？我让孩子更具人性还是一步步在泯灭他们的人性？

我们要有信心，许多教学上的问题将会在几十年内获得解决。那时会有新的学习环境和新的教学方法。然而，老师有一项功能是永远不变的：创造一个有利于孩子们学习的情感氛围。没有任何一种机器——无论它多么精密先进，都无法担任这项工作。

目前无论教育环境多么恶劣，都请您认真倾听自己的心，下面的一封短信，也许会对您的教职生涯有所启发。

开学第一天，一所私立学校的全体老师都收到了校长的一封信，信的内容如下：

亲爱的老师们：

我是集中营里的幸存者。我亲眼目睹了一般人看不到的事情：

毒气室由有学识的工程师建造；孩子被受过教育的医生毒死；婴儿被训练有素的护士谋杀；妇女和儿童被受过高中或者大学教育的毕业生射杀。

所以，我怀疑教育。我的请求是：希望你们帮助学生做一个有人性的人。永远不要用你们的辛勤劳动，去栽培孕育出学识渊博的怪兽，身怀绝技的疯子，或者是举止优雅的纳粹。

阅读、写作、数学等学科，只有用来把我们的孩子教育得更有人性时，才显得重要。

第一章

在合适的时间说合适的话

我们所说的话真的能改善学生的行为吗？没错，在合适的时间说合适的话能使你的课堂秩序井然。那么这些话叫什么呢？我们把它命名为“最佳实践语言”。

哇，你听到了吗？你听到那位老师说的话了吗？极具专业性与启发性，真是精彩绝伦！她在合适的时间使用了合适的话，那位学生正要（做某事），而这些在合适的时间说出的合适的话使他的行为改变了。那些话引起了学生的共鸣，像指南针指引着清晰的方向。还记得当你在合适的时间使用了合适的话而使学生的行为大为改观的场景吗？你认识那些知道要说什么且知道如何说的老师吗？

我们认为老师在合适的时间说合适的话能够建立起一种课堂文化，促进学生在课堂内外改善其行为。我们在哪里能找到这些话呢？我们如何学习这些话呢？这些话有名称吗？哦，答案是肯定的，我们为这些话命名了，我们称之为“最佳实践语言”。希望当你读完这本书之后，你也可以用最佳实践语言去改善课堂上学生的行为。

当老师，话怎么说很重要

这是新学年的第一天！瞧瞧，你看到了什么——粉刷一新的墙壁，五彩缤纷的走廊，锃光瓦亮的地板，教室内有新电脑、新投影仪、新课桌和新书本。老师们暑假归来，准备迎接一次新的冒险！整个学校里，激动的学生们面带清新的笑容，怀揣远大的梦想。他们穿着新衣服，背着新书包，带着新午餐盒。一切都焕然一新，学生们雄赳赳，气昂昂，希望与期待弥漫整个校园。

在这“崭新的开始”，行政管理员特意投入时间与资金开设新课程，升级设备以及改善服务。老师们精心提升教学技能，完善课程计划，而且添置了新行头。所有这一切饱含着同一个希望：今年将是有史以来最好的一年。

开学第一天，你的新学生们来了。无论已从教多少年，你无比激动！学生们进入教室，同样满怀激动，希望这是很棒的一年。第一天开始——扰乱课堂秩序的情况偶尔出现，不过这是不错的一天——激动和希望继续。第二天开始——扰乱课堂秩序的情况略有增多，一个学生心不在焉，不过这仍是不错的一天——激动和希望继续。到第一周结束时，扰乱课堂秩序的情况持续增多，更多学生心不在焉，学习积极性开始溜走。你的日子开始好坏参半——激动和希望开始逐渐消失。到第二周或第三周结束时，激动和新鲜感荡然无存。遗憾的是，今年将是有史以来最好的一年的希望已成为遥远的记忆。

好吧，让我们面对现实。在教育领域，很难保持那份激动和鲜活，最终新鲜感荡然无存，我们开始经历那些炼狱般的日子。一些学生厌倦了课堂，他们开始觉得被误解、与己无关、丧失信心、毫无动力，这些情绪会导致学生调皮捣蛋。作为专业的教育者，我们试图通过新课程、新策略和新激励措施来解决这些不良行为问题。但我们是否尝试过使用话语来改善学生的行为？我们对学生所说的，对家长所说的，对彼此所说的，对自己所说的就是实践语言。实践语言是我们专业实践的一个元素，要像其他行业技能一样勤学苦练、精益求精。我们仔细思考过实践语言对改善课堂上学生行为的影响吗？

当扰乱课堂秩序的情况出现时，我们要怎么说？

开学第一天，我们要说什么来设定期望和确立规则？

当扰乱课堂秩序的情况突然爆发时，我们要怎么说？

我们要说什么来鼓励积极行为？

当扰乱课堂秩序的情况反复出现时，我们要怎么说？

我们要怎么说才能够引起学生们的共鸣并且一直“奏效”呢？

重新审视我们说过的话

在写这本书的过程中我们发现：确实，我们都曾被告知要“小心你所说的话，小心你说话的方式”。我们都曾在某个时刻因口不择言被提醒或被斥责。然而我们认为作为教师，必须对和学生所说的话感兴趣，我们的话很重要，这些话会使学生的行为大为改观，这些话设定期望，这些话感动人、激发人，这些话引起共鸣，传达我们的好恶。这些话是我们能够勤学苦练、精益求精的一种专业技能，能够充当学校重要改革的催化剂。这些话被说出来，被写出来，被听到，被感知。这些话帮助我们了解彼此，了解我们所重视和信赖的。我们说过的话很重要！

在《教育领导力》近期刊登的一篇文章中，威金斯和麦克泰格提出——许多重大的教育挑战可归结于一个深层因素：缺乏目标的明确性——目标是什么，如何实现这些目标？他们强调在学校里“意义建构”的重要性，的确，班级的“意义”是通过我们的话创造的——不论好坏。

什么是“最佳实践语言”

一些实践语言对学生们奏效，另一些则不然。我们把真正获得积极效果的实践语言称为“最佳实践语言”。更具体地说，我们所定义的最佳实践语言指那些能引起他人共鸣、影响他人、产生持久效力并且充满希望的语言。

仔细观察过你们学校里的高清电视吗？它颜色鲜艳耀眼，画面高度清晰，这与最佳实践语言的概念颇为相似。语言是我们日常生活的一部分，我们总是在听，说，读，写，那么不妨透过一个新的模型来看看语言，试试用一个高度清晰的模型来概括。如果你能够发现你们学校里那些明星教师的最佳实践语言并将它们应用在自己课堂上，将会怎样？毫无疑问，这些“高度界定的语言”会在你的整个学校里分享，不断被学校里的成员们举一反三。

最佳实践语言有四个关键特征

为了有助于了解最佳实践语言，接下来这部分将描述它的四个关键特征。

实践语言是种专业技能

前面我们曾提到实践语言必须被视为一种教学技能，而且是我们专业实践的一个重要元素，应该像其他行业技能一样勤学苦练、精益求精。葆拉·丹顿对此有相同的看法。在她的文章《我们话语的力量》中，她写道："我们对学生所说的话以及我们如何说，是我们最有力的教学工具之一。它渗透到教学的方方面面，不说话我们就不能授课，不能欢迎学生进入教室，不能处理课堂冲突。"

全世界的任何一天和任何一间教室里，教师都在使用那些构成他们实践语言的各种各样的话语组合。认真地重新研究和讨论我们的专业实践语言对于帮助我们获得良好的课堂至关重要。

引起其他人的心灵共鸣

最佳实践语言能引起心灵的共鸣。有时，尽管我们尽力试图与学生们交流，但是我们的话"在学生们头顶盘旋"，或者说"从一只耳朵进从另一只耳朵出"，更甭提一些学生感到不知所云或毫不关己。最佳实践语言能够创造一种教师与学生之间温暖而有意义的联系。当最佳实践语言回荡在每一间教室里，它将是一股持久而向善的力量。你还记得你最喜欢的老师说过的话吗？你最不喜欢的老师呢，你还记得他说过的话吗？有没有一些话"触动了你的心"，而且帮助你发现了更好的做事方法？有没有一些话"伤了你的心"，且导致你迷失方向？

作为"温暖而模糊协会"的持卡会员，我们认为，最佳实践语言有一种引起共鸣的特质，能敲响学生的心灵之钟！我们也认为，最佳实践语言会让学生们发现他们能做到从来没想过自己能做到的事情。

影响其他人

向牛顿先生及其第一运动定律表示歉意，我们认为静止的物体（在这里指毫无动力、自鸣得意或充满恐惧的学生）会保持静止，直到某种外力作用于他或影响他。当教师持续使用最佳实践语言，它将会成为克服惯性的一股力量，并且积极地影响学生们的心灵与心智。学生们有时需要温柔的轻推，有时需要大力推动。最佳实践语言就是这样一股充满希望的力量，给人以轻推和更有力的推动。

我们对牛顿第二运动定律的理解是：运动中的物体（在这里指行为不良的学生）会持续不良状态，直到有个外力作用于他或影响他。根据美国教育部2007年的统计数据我们发现，全国高中生的毕业率约为70%！这意味着今天坐在这里的学生有将近1/3不能完成高中学业。一些学生望着窗外的风景，那里似乎比学校和课堂更有意思。既然这些干扰试图将学生们引入歧途，老师们要开始运用您具有影响力的领导角色，用最佳实践语言为学生们指出更好的出路！

“等等，我不懂你说的领导这回事。我是一名教师，领导别人和我没关系，我们学校的领导在校长办公室呢。”也许你是这样想的教师之一，为避免在这一主题上进一步混淆，我们会尽力讲得更清楚。你就是一名领导！领导力畅销书作者约翰·麦克斯韦讲道：“衡量领导力的真正标准是影响力——不多不少。”我们完全同意！你的工作把你置于一群优秀的青年人面前，他们将受到你的影响！他们看着你，听着你，而且你有一种职业责任去教授他们，从而影响他们的人生朝积极的方向发展。你把自己视为一名领导吗？你要说些什么话来影响你的学生们？哪些老师对你的人生有积极的影响？他们说过什么话影响了你？

作为“教师即领导协会”的持卡会员，我们认为最佳实践语言具有一种感动学生的影响性特质。我们坚信最佳实践语言能够积极地影响一所学校的文化，为每个学生的教育过程注入领导力！

产生持久而且充满希望的结果

当最佳实践语言在教室里被持续使用和有效模仿，师生们都能够体验到它的成效。而且，这些持续充满希望的学生行为能够成为教室里甚至整个校园里“希望文化”的催化剂。

在“希望文化”中，学校里的所有成员将会体验所期望的更好的学习体验和更好的教学方法！师生们为彼此竭尽全力，每个人都努力找到通往成功的希望之路。最佳实践语言会在班级中形成希望循环，自给自足并产生对于“哎呀！我们全都做到了！”的激动与狂热。就像球队教练在球队中建立了一种赢文化，队员们坚信能赢，想着能赢，谈论能赢，像能赢那样打球，也告诉别人他们能赢！

你期待什么样的学生行为？哪些教师能够以一种专业、有尊严而且优雅的方式应对那些最具挑战性的干扰课堂秩序的情况？他们又是怎么说的呢？

作为“话可移山协会”的持卡会员，我们认为最佳实践语言能够成为学校改革的长期催化剂。当最佳实践语言在整个校园里被发现、被捕捉、被分享，它能够在师生间形成有意义的关系，将课堂和学校变成希望文化的发源地。简单地说，希望这本书提供一个新的模型，在学校里捕捉和实践我们话语的力量。

第二章

揭秘最佳实践语言的11种类型

改善学生行为的最佳实践语言有11种类别，它为我们处理课堂问题提供了一个明晰的“参考点”。要想有良好的课堂环境，务请牢记并能举一反三。

这一章将描述改善学生行为的最佳实践语言模型及其对师生们产生的积极影响。这个模型有11种语言类别，囊括了几乎所有最有力的最佳实践语言。它为重新审视与提炼我们处理课堂行为问题的课堂语言提供了一个明晰的“参考点”。当处理引起挑衅的学生时，我们使用了责任性的话和理解性的话吗？开学的第一天，我们会使用高期望值的话、希望性的话和尊重性的话吗？改善学生行为的最佳实践语言模型是重新审视我们专业语言的重要起点，同时为教师们提供了一个将他们的实践语言转化为最佳实践语言的范式。

改善课堂上学生行为的最佳实践语言模型

下表展示了改善学生行为的最佳实践语言模型。在模型的中心，“建议使用”栏展示了能够引起持久而充满希望行为的话语类别。“通常”栏描述了教师们有时选择在课堂上说的话，然而，这些话往往招致怨恨、徒劳无功或越搞越糟。“用来”栏提供了更好的方法。最后一栏——“结果”揭示了我们希望学生们在课堂上甚至更广范围内变成的样子。

表一：改善课堂上甚至更广范围内学生行为的最佳实践语言模型

通常	建议使用	用来	结果
允许学生不负责任	责任性的话	保持他们一直保有责任感	学生担负自己的责任
无意中使学生丧失信心	鼓励性的话	鼓起学生的勇气，克服挑战、阻碍、困难、失败、挫折、恐惧、冷漠等等	学生们活得更好，人尽其才
抱有诸如不饶恕和责备等负面情绪	宽恕性的话	使学生脱离这种行为，原谅他们过去的错误，给他们一次改正的机会	学生们体验并践行宽恕与另一次机会的力量
希望学生找到自己的方法	指导性的话	帮助学生找到成功之路与合适的行为	学生们践行自我管理
无意中用低期望值阻碍和限制学生	高期望值的话	帮助学生展望未来并激励他们尽最大的努力	学生们发挥他们的全部潜能
得过且过	希望性的话	激发明天更美好的愿景	学生们希望明天更美好，并为之奋斗
只提着学生们的耳朵讲话	关爱的话	触动他们的心灵，无条件地表现爱与关怀	学生们体验并践行先人后己的无私力量
只注重课程内容	关系性的话	与每一位学生建立一种关怀与积极的联系	学生们与他人形成一种积极而长久的关系

续表

通常	建议使用	用来	结果
在你的课堂上纵容一种无礼不敬的气氛	尊重性的话	表现彼此间的互相尊重	学生们示范自尊与尊重他人
自以为是	理解性的话	用学生的视角看事物	学生们体验并践行换位思考
说“这是我的方法或捷径”	团结性的话	在课堂上培养合作与团队文化	学生们通过同心协力合作鉴证变革性的团队力量

最佳实践语言的11种类别要记牢

最佳实践语言模型帮助我们重新审视并反思我们的专业实践语言。这11种类别为处理课堂秩序问题提供了指导，接下来我们将描述每一种最佳实践语言的类别，随附两个最佳实践语言范例。另外数百个范例会出现在第三章至第十三章。

责任性的话

责任性的话号召学生们为他们的选择负责，这些话鼓励并提醒他们对人对事勇于承担责任。这些话可以用来解决“当下”的一个问题，也能让学生们一直保有责任感。

目标：学生们担负起自己的责任

“重要的是，你们大家要明白，我要让每个人都遵守同样的准则和期望。”

“我的工作就是帮助你们明白，你们拥有很多选择，但你们要对这些选择负责。”

鼓励性的话

鼓励性的话是具体的支持性话语，让学生们鼓起勇气去克服恐惧与失败，再接再厉。这些话激发学生们的欲望、勇气和信心去为自己和他人做正确的事。这些话也表明“我相信你！”

目标：让学生们活得更好，人尽其才

“我知道你仍在和数学作斗争，你每天都很努力，每天都在进步。我们会继续共同努力，到年底，我相信你会掌握技巧，在明年大获成功。”

“我会每天鼓励你为自己作出积极的选择。”

宽恕性的话

宽恕性的话向学生们示范爱、耐心和尊重，无论他们做了什么。这些话帮助我们表明“我们都会犯错”“人无完人”“原谅并忘记”。这些话不是敌对性的，不带有负面情绪，我们会真诚地给予学生们一次改正的机会。

目标：让学生们体验并践行宽恕的力量

“我会尽力向你们示范宽恕。宽恕就是给予他人一次改正的机会。在某一时刻，你也许把事情搞砸了——那么我会给予你所需要的宽恕与支持，以便下次做好。”

（学生因为对你的挑衅行为而遭到停课惩罚后回到学校）“我们都很想念你——很高兴你回来了。”

指导性的话

指导性的话为学生们指出一条积极而有建设性的道路，通向合适的行为、坚强的性格和成功。这些话给学生们提供建议——“下次这样做试试……考虑这一点……还有另一种方式”。

目标：让学生们践行自我管理

“如果你发觉某个时刻你很想说出你不该说的话——停一停——想想所有其他的可能性，然后谨慎斟酌你的措辞。”

“如果你需要有个人倾诉或者有个问题在课堂上不明白，那么下课后来找我。”

高期望值的话

高期望值的话表示相信每个学生都能够达到个人的最高水平。这些话设定高期望值，表明我们预期所有学生都会达到。这些话避免了低期望值的牢骚和过早的判断，帮助学生发掘他们最大的潜力。

目标：让学生们发挥他们的全部潜能

“无论是否有人看着我们，我们需要不断挑战自己，同时也要鼓励彼此表现良好。”

“我很担心你在其他课堂上的所作所为，我听说你让其他老师很不好受。我相信你能做得更好，我知道你能。”

希望性的话

希望性的话可以激发我们看到他人所拥有的巨大潜能。这些话给予学生们力量，鼓舞他们去实现更多梦想。这些话给学生们注入信心，让他们心想事成，这些话也点燃学生们的学习兴趣和热情。

目标：让学生们希望明天更美好，并为之奋斗

“你看起来闷闷不乐。让我们谈谈今天什么事儿让你烦心，我们可以看看怎么能一起解决这个问题，这样明天你就会放下这个包袱继续向前。”

“你毕业后有什么打算？我知道你和我谈过上大学。你申请了哪里？我为你感到高兴，我很想知道你选择去哪所大学，让我看看我是否能帮上忙。”

关爱的话

关爱的话传达出一种信息：每个人都需要被爱、被关怀和被尊重。这些话鼓励学生们用他们的语言、才能和天赋去帮助他人。这些关爱的话绝不能与“浪漫的爱情”相混淆，也不能和稀泥。相反，这些话是关怀性和支持性的，具有责任性——建立起坚实关系的基石。这些话表示出对学生不良行为的耐心，以及对他能够改善的坚定不移的信心。

目标：让学生体验并践行先人后己的无私力量

“我在这里是要帮助你们中的每一个人。别犹豫，开口求助或来找我寻求建议。我的工作就是在这里守候你们，给予你们所需要的关怀与帮助。”

“我对你最近的表现感到很担心……一切都好吗？”

关系性的话

关系性的话有助于搭建一个安全放心的情感环境，学生们信任你，知道他们表现得如何。这些话表现出想要和学生们一起拆除围墙、搭建桥梁和建立共同点的愿望。这些话在你和学生之间建立了一条有意义的纽带，借此你可以向学生们表明他们是“值得信任的”——他们会被尊重，他们值得你付出时间和努力。当你与学生单独“心贴心”地交流时，你可以使用这些话。

目标：让学生们与他人形成一种积极而长久的关系

“我听说球队输了——我知道这对你很重要，很不好接受——但今年你确实尽了全力！我们大家都看得一清二楚。”

“今年认识你们中的每一个人我都很激动，我也想让你们认识我，所以我来聊聊我自己吧。”

尊重性的话

尊重性的话体现出你经过深思熟虑后对他人的欣赏。使用尊重性的话可以传达你对他人价值的肯定和尊重。

目标：向学生们示范自尊与尊重他人

“我们并不能一直保持一致，当我们有不同想法时要彼此尊重。”

“我理解你有权坚持自己的观点，也希望你能与大家分享。不过，你刚才向同学们表达的方式不妥。有许多种方法可以告诉别人你的想法和感受，且不失礼貌。”

理解性的话

理解性的话表达出你想方设法地努力去理解别人的意愿，设身处地，将心比心，通过他们的眼睛看，通过他们的耳朵听。当个别学生出了问题时，这些探究根源的体贴性问题表现出你想要真正理解这个学生“怎么回事”的意愿。

目标：让学生们体验并践行换位思考

“看起来你今天过得不太好，我们来了解一下到底怎么回事？”

“虽然我不是你，但我也能感同身受。记得当我是学生的时候也要在家庭、朋友、游戏和作业之间寻求平衡，想做好所有事真的很费劲！让我们看看怎么才能帮你抓住重点，保持好平衡呢？”

团结性的话

团结性的话可以将个体文化转化为团队文化。这些话鼓励“归属感”，向所有学生清楚地表明他们出勤和参与课堂活动对团队很重要。这些话也在课堂上建立起一个支持性的网络。

目标：让学生们通过同心协力的合作践行变革性的团队力量

“让我们来谈谈今年我们的课堂期望和规则。我们的课堂需要什么规则呢？一旦我们都同意这些规则，我们大家就会达成共识。”

“今年我们会举行几次班级会议，这些会议就是让我们一起讨论问题并一起找到解决方法的通道。”

请将最佳实践语言在课堂上活学活用

从第三章到第十三章展现了目前课堂上常见的维持课堂秩序的场景。我们可以从实践语言的角度解决每一个情景中出现的问题，并且可以套用这11种最佳实践语言模型。每一章都以“当……时，你该怎么说？”这一问题开始，围绕着每一个维持课堂秩序的场景，最佳实践语言都在发挥着它的功效。我们相信你越是不断地使用最佳实践语言，越能举一反三，就可以尽早改善课堂上学生的行为！

表二：11种改善课堂上学生行为的最佳实践语言类别

类别	定义	目标（帮助学生们……）
责任性的话	号召学生们为他们的选择负责，鼓励并提醒他们对突发事件负责，尽快解决“当下”的一个问题。这些话让学生们一直负有责任感。	担负起自己的责任
鼓励性的话	鼓起学生们的勇气去克服恐惧与失败，再接再厉。激发学生们的欲望、勇气和信心去为自己和他人做正确的事，表达“我相信你”。	活得更好，人尽其才

续表

类别	定义	目标（帮助学生们……）
宽恕性的话	向学生们表现爱、耐心和尊重，无论他们做了什么，表明“我们都会犯错”“人无完人”“原谅并忘记”，这些话不是敌对性的，不带有负面情绪，给予学生们一次改正的机会。	体验并践行宽恕与另一次机会的力量
指导性的话	为学生们指出一条积极而有指导性的道路，通向合适的行为、坚强的性格和成功，分享并指出改善的“机会”，给学生们提供建议——“下次这样做试试……考虑这一点……还有另一种方式”。	践行自我管理
高期望值的话	表明相信每个学生都能够达到个人的最高水平，设定高期望值，并立即预期所有学生都会达到，避免低期望值的牢骚与过早判断，帮助学生展望未来并付诸全力。	发挥他们的全部潜能
希望性的话	让我们看到他人和世界拥有的巨大潜能，给予学生们力量去怀有并实现更多梦想，给他们注入信心，点燃他们的学习兴趣，释放学习热情。	希望明天更美好，并为之奋斗
关爱的话	让学生有一种认识：每个人都需要被爱、被关怀和被尊重，激发学生们用他们的话、才能和天赋去帮助他人，表现出容忍学生不良行为的耐心以及对学生能够改善的坚定不移的追求与信心，也要具有责任性。	体验并践行先人后己的无私力量

续表

类别	定义	目标（帮助学生们……）
关系性的话	有助于搭建一个安全放心的情感环境，学生们信任你，知道他们表现得如何，表现出你想要和学生们一起拆除围墙、搭建桥梁和建立共同点的愿望。这些话在你和学生之间建立了一条有意义的纽带，通过话语向学生们表明他们是“值得被尊重的”，与学生单独“心贴心”地分享这些话。	与他人形成一种积极的长久的关系
尊重性的话	表现为对自我以及他人人格尊严的重视，正式或非正式场合都重视所有人及其行为，体现出你深思熟虑后对他人的欣赏。	示范自尊与尊重他人
理解性的话	表现为想方设法地努力去理解别人的想法，设身处地，将心比心，通过他们的眼睛看，通过他们的耳朵听，通过提出探究根源的体贴性问题表现想要真正理解这个学生“怎么回事”。	体验并践行换位思考
团结性的话	将个体文化转化为团队文化，鼓励“归属感”，告诉学生们按时出勤和参与课堂活动对团队很重要，在课堂上甚至更广的范围内建立支持性的网络。	通过同心协力合作践行变革性的团队力量

第三章

开学的第一天，你该怎么说

这是开学的第一天，你要确立课堂规则，和学生分享你对课堂上学生行为的期望。在这崭新的一天，你最重要的开场白该怎么说？

早上，教室里坐满学生，你的话能使他们的行为大为改观。一些学生兴奋地想知道储物柜里有什么，另一些则紧张焦虑，还有一些对暑假活动仍念念不忘，而现在对回到学校颇感失望，毫无兴趣。

应对这些“开学第一天”的情绪：兴奋、焦虑、恐惧、不确定、失望和毫无兴趣，可能是一个老师首先要面对的挑战——更是机遇——你可以和每一个学生建立个人层面的联系。开学第一天老师们的实践语言要确定基调，提供方向，表达出对即将发生的事的期望。这些开场白能体现这位老师的信念与价值观，并表达这位老师对所有学生的期待。这些话语应该建立一个互相信任的结构，让学生身心愉快。

当你为开学第一天和未来的日子作准备时，接下来的内容提供了一些亟待思考的问题以及最佳实践语言范例，希望这些范例会重燃你对实践语言的兴趣，抑或温故而知新。

开学第一天，师生都怀有美好的期望

当我们的用词和语调表达出对学生们的信任和信心，学生们更有可能达到我们对他们的期望。

——丹顿

从开学第一天就要开始为学生们设定高期望值。

老师们给所有学生设定的高期望值能够推动每一个学生逐渐发挥他们的潜能。不过你也要想想，如果设定了这些高期望值，却没有鼓励，没有清晰的方向，会怎么样？有些学生听到高期望值的话，但却找不到自己的方法去完成。告诉学生们“你想做什么都能做到”，会让没有体会过成功或劣迹斑斑的学生感到困惑。通过给予真正的希望与指导性的语言，这种困惑就能够得到解决。

你期望你的学生们怎么样呢？你对每一个学生都抱有高期望值吗？你想要你的学生们对你有哪些期望？设定高期望值在你的课堂上“听起来像什么”呢？你怎么给予鼓励去帮助学生们发挥他们的潜能？

下面这些最佳实践语言范例提供了开学第一天老师们用来为学生和他们自己设定高期望值的话语。在这些语言范例中，你会找到鼓励性的话、宽恕性的话、指导性的话和希望性的话。把这些话语融入你的高期望值话语之中，就足够给你的学生们发挥他们的潜能所需要的支持。

“今年我们要学习一些比较难的东西，但我对帮助你们中的每一个人学得更好感到兴奋。即使你觉得在我的课堂上学不到什么，我也会努力改变你的想法。”

——鼓励性的话

“你过去所做的‘不太好’的事不会影响今年我对你的看法。我们都要从一个新的起点开始。”

——宽恕性的话

“你们中的每一个人都有优点和才能。随着我渐渐了解你们，我会帮助你们发现它，并让你们发挥出最大潜能。”

——指导性的话

“面对新的一年，我激动万分。我爱学校，也爱学习。我最大的愿望就是你们也热爱学校，热爱学习！”

——高期望值的话

“我对你们中的每个人都有很多期望，我希望你们也对我有很多期望。让我们聊聊你们对我的期望吧。”

——高期望值的话

“这将会是了不起的一个学年，因为你们是一群了不起的学生。”

——高期望值的话

“我会全力以赴使学习尽可能有趣和快乐。每天来到我们的教室会像经历一次冒险，你会学到新东西，会发现你所拥有的是这个世界上最好的。”

——希望性的话

总结

高期望值的话和鼓励性的话相结合，老师们就能鼓起学生们的勇气去克服挑战、阻碍、困难、失败、挫折、恐惧与冷漠，帮助学生们展望未来并尽他们最大的努力，使学生们发挥他们全部的潜能。

老师在第一天要努力营造“共同体”文化

如果征询学生们的想法并让他们参与其中，他们就会感受到老师的关心。如果老师说，“这是我们的学习环境，我们要一起负责使之有效”，他们就会积极响应。

——尼尔森

你在开学第一天的实践语言将为这一年师生关系的建立、团队的培养、信任和互相尊重奠定基础。

构建共同体文化就是老师对学生说：“我愿意倾听你所说的，我希望了解你所想的。”当学生们知道自己的声音被倾听、被重视，他们感到班级与自己相关，他们就会产生某种归属感。你想给你的课堂确定什么基调呢？你认为怎样的课堂文化最有益于学生们的社交发展？你怎么分享在课堂上互相尊重的重要性？你希望怎样建立一种团队文化？你愿意鼓励你的学生们提供反馈和意见吗？怎么鼓励学生们“加入团队”？

下面的最佳实践语言范例可以促进课堂上团结和互相尊重的氛围：

“既然我们已经讨论并确定了我们的课堂准则和期望，我们就都可以帮助彼此遵守这些准则和期望。”

——鼓励性的话

“我们都会犯错。在某个时刻，我们班级里的每个人——包括我——都可能会做出使自己感到难堪的事。让我们保证：当这种情况发生时，不要取笑别人而使他们觉得更糟糕。”

——鼓励性的话

“我的首要任务就是今年尽可能多地指导你们——但我觉得我自己既是授业者又是学习者。我知道会有很多时候我将从你们身上学到更多，我希望你们也既是学习者又是教授者。”

——尊重性的话

“今年我们会举行一些班级会议。在这些会议上我们会一起讨论问题并一起找到解决方法。”

——团结性的话

“让我们来谈谈今年我们的课堂期望和规则。我们的课堂需要什么规则呢？一旦我们都同意这些规则，我们大家就能达成共识。”

——团结性的话

“我们需要规则和期望，因为我们要有组织，没有规则，我们便会一片混乱。有任何（规则）你有疑问或不明白的——现在就说给我们听听，明天你可不能反悔说没听明白了。”

——团结性的话

“今年我们希望哪些积极的事情发生？现在，为了这些事情的实现，我们大家需要做什么？”

——团结性的话

总结

当鼓励性的话与团结性的话相结合，老师们可以鼓起学生们的勇气去克服困难，在课堂上培养一种团队合作文化。

课堂管理成功的秘诀其实很简单

学生们更有可能遵守他们自己确定的规则。

——布莱尔

开学的第一天，和你的学生们一起确定课堂规则至关重要。当你与你的学生们讨论对课堂行为的期望时，让所有学生参与其中并重视每个人的意见。通过一起探讨而生成的行为期望，辅以老师的指导，几乎能保证所有学生“买账”。

你与学生们讨论形成的课堂行为规则和你在课堂上所使用的语言将形成你们的课堂文化，不论好坏。为学生们提供清晰的语言范例（即尊重性的话、关系性的话、理解性的话、团结性的话等等）会使学生们在遇到情况之前就明白怎么恰当地应对。

你要好好想想，你课堂上的这些规则听起来可行吗？怎么保证课堂规则的讨论既要尊重每个人的意见也会融合你的价值观和想法？你打算怎么鼓励所有学生都提出意见？如果一个学生提出了一条不合适的规则，你该怎么说？开学第一天你还要提供给学生们哪些指导性的话？

开学的第一天是一块“干净的黑板”。当你要在开学第一天形成规则和期望时，下面的话语将指导你和你的学生们。

“重要的是，大家要明白，我们每个人都要遵守同样的规则。”

——责任性的话

“今年我会经常和你单独谈心。这些交谈将是吐露心声的机会，我们可以讨论我们能一起做点什么来帮助你获得成功。”

——指导性的话

“既然我们已就我们的课堂准则达成共识——让我们谈谈这些准则中的每一条‘听起来像什么’。互相尊重听起来像什么？”

——尊重性的话

“在我们换话题之前，让我们确保每个人都明白我们已经讨论过的内容。任何人对于我们同意的规则和后果有疑问吗？”

——理解性的话

“今天我们要一起努力形成我们的课堂行为规则。首先让我们来分享每个人的想法和观点。”

——团结性的话

总结

当团结性的话与责任性的话相结合，老师们可以在他们的课堂上培养一种团队合作文化，使学生们负有责任感，通过同心同德、协力合作践行变革性的团队力量。

鼓励学生进行自我管理真的很重要

成功的老师能够帮助学生们理解怎么选择自己的行为，并指导他们为自己的选择负责。

——斯特莱翰

维护课堂秩序不是对学生说如果你违反这条规则，我就要施加这样的后果，而是帮助学生们学会作出明智的选择并为这些选择负责。

——帕斯特

如果我们使用强权强迫学生们“做事情”，这也许是短期可行的“权宜之计”——但不能使学生们学会自我管理。让学生们理解他们有选择自己行为的自由很重要。然而，伴随着这种自由，他们要为这些选择负责，他们要明白自己的选择对于他们自己、他们的未来和他们周围人的影响。你怎么鼓励学生们控制他们自己的行为？一个自我管理型的学生是什么样的？在你的课堂上学生们有选择自己行为的自由吗？你怎么说可以让学生们为自己的选择负责？下面正好有几个帮助老师在开学第一天促进学生自我管理的最佳实践语言范例。

“如果今年你总是上课捣乱，我得问问你打算怎么解决这种状况。”

——责任性的话

“我的工作就是帮助你们明白，你们拥有很多选择，但你们要对自己的选择负责。”

——责任性的话

“如果我觉得你有问题，我会马上找你谈。如果你对我或任何一位同学有意见，也要尽快告诉我们。我们得开诚布公地解决问题，这样我们心里就不会留下疙瘩。”

——宽恕性的话

“每天你都要想想你今天要表现出一个怎样的自己，要说什么，做什么。”

——指导性的话

“我对你们的要求是：你们每个人都要学会怎么在课堂上，还有校外，作出正确的选择。”

——指导性的话

“我对大家的希望就是你们要拥有一个梦想，并为之努力奋斗。”

——希望性的话

总结

用责任性的话和宽恕性的话相结合，可以让学生们有责任感，避免不良行为。如果原谅他们过去的错误，给他们一次改正的机会，学生们就会负起自己的责任，体验到宽恕与另一次机会的力量。

想让学生表现好，老师先要以身作则

如果你想要学生们有礼貌，你就要有礼貌，如果你想要他们信任你，你就要信任他们。示范给他们那些优秀品质吧，一个人要忠诚、敏捷、热情、积极倾听、控制愤怒、为他人着想、诚实和在集体中有凝聚力。如果你想要孩子们做什么事，你必须先做个榜样。

——麦克劳德

老师们做出示范，会给学生们清晰的方向。做示范是把抽象的概念转化为具体行为的最好方法。“尊重”这样的抽象概念往往讲不清楚，最适合你身体力行地来示范。利用开学的第一天，你们可以讨论不同的课堂情景，并让学生们“演习”各种适当的行为。

开学的第一天，你该怎么示范鼓励、宽恕、希望、爱与尊重？下面的范例能够说明在课堂上责任、鼓励、宽恕与高期望值该怎么表达。

“我们需要谨言慎行，话怎么说确实很重要。”

——责任性的话

“我们在一起的这段时间，将会使你受益一生。”

——鼓励性的话

“我会尽力向你们示范什么是宽恕。宽恕就是给予他人一次改正的机会。有时候，你不小心把事情搞砸了——我会给予你所需要的宽恕与支持，以便下次做好。”

——宽恕性的话

“人非完人，我也会犯错，不过当我犯错时，我会第一个道歉。”

——宽恕性的话

“你们大家想要什么样的课堂？我们应该怎么做？我们想要一个每个人都一起努力的课堂吗？”

——高期望值的话

“每天我都会认真地备课，而且我期望你们大家也都准备好，好不好？让我们说到做到。”

——高期望值的话

“大家要明白，己所不欲勿施于人。我保证会准时上课，我也会遵守规则。”

——高期望值的话

“今年认识你们中的每一个人我都很高兴，我也希望你们很高兴认识我，所以让我介绍一下自己吧。”

——关系性的话

“在我们的课堂上，要建立一种人人都乐于分享的氛围。我们会一起努力尊重彼此的观点和想法。”

——尊重性的话

“谢谢你的回答。其他人有不同的想法吗？”

——尊重性的话

“什么事都没有绝对的对错，当我们有不同想法时，要尊重彼此。”

——尊重性的话

总结

宽恕性的话与关系性的话相结合，老师们通过原谅学生们过去的错误，给他们一次改正的机会，和每个学生建立起一种关怀与积极的联系。这也可以使学生们体验并践行宽恕与另一次机会的力量，从而和他人形成一种积极的关系。

有序课堂的起点是建立良好的师生关系

当学生们感到自己与学校休戚相关时，他们更有可能学有所成。学生们会觉得学校里的大人们不仅关心他们的学习，而且关心他们每个人。

——布鲁姆

在课堂上，关系就是一切！成功的课堂管理源于对学生的爱。学生们需要一直关心他们、用爱指导他们的老师。这种爱是关怀性和支持性的爱，具有责任性，是师生建立坚实关系的基石。

教学是一种精神之旅。这一年来，你与你的学生们建立了深深的信任与理解。当老师们努力与每一个学生建立联系的时候，就是在告诉他们“你值得我花费时间”，“我关心你”。细节上的关心是你深入学生内心的关键。下面的最佳实践语言范例教我们如何跟学生建立深厚的联系。

“我爱你们所有人，我不喜欢的事也不会强迫你们接受。”

——关爱的话

“我爱我的学生们。我确实关心你们的成长。”

——关爱的话

“我实行门户开放政策，所以如果你有任何需要，就让我知道。”

——关系性的话

“从今天开始我们就开始了一生的缘分。我们可以用一整年的时间渐渐了解彼此。我特别想知道你们的好恶、你们爱的人、你们的希望和梦想。”

——关系性的话

总结

关系性的话与关爱的话相结合，老师们和每一位学生就建立起一种互相关怀的积极联系，触动他们的心灵，无条件地表现爱与关怀，这样学生们也会与他人形成一种积极的关系。

好老师请牢记

请记住：维持课堂秩序的目的是帮助学生们形成一种良好的行为模式，而不是为了强迫和惩罚他们。

——指导性的话

请记住：今年你的目标就是帮助每一个学生都能管好自己。

——指导性的话

请记住：在课堂上学生们不需要猜测什么是对的什么是错的。从第一天开始，他们就需要知道规则和期望是什么。

——高期望值的话

请记住：对每一个进入教室的孩子都抱有希望。

——高期望值的话

请记住：认真思考你的语调、用词，你想表达什么、你期待什么，以及你想要的结果。

——希望性的话

请记住：充满希望的课堂给学生和老师带来正能量。

——希望性的话

请记住：你的课堂会成为一个学生们茁壮成长的地方，不要消磨时光。

——希望性的话

请记住：将你维持课堂秩序的话语注入爱心，学生听得出来。

——关爱的话

请记住：要注意爱与权威的平衡。太宠溺而没权威会导致学生们无法无天，太严厉而没有爱会使学生们得过且过、心存憎恨。

——关爱的话

请记住：教学是一场心灵之旅。

——关爱的话

请记住：关心你的学生并与之建立联系会给你的课堂带来最大的改变。

——关爱的话

请记住：强迫学生们“做某事”只能是短期的“权宜之计”，要教会学生对自我进行管理。

——尊重性的话

请记住：当处理课堂秩序的问题时，找到问题的根源至关重要。

——理解性的话

请记住：每个孩子都是独特的，你需要单独了解每个孩子。

——理解性的话

第四章

当有学生爱开小差时，你该怎么说

课上，你注意到一个学生表面上特别安静，实际上并没听讲（比如在手机上发短信，看小说，睡觉，神游物外，紧锁眉心做沉思者状），这时候，你该怎么说？

开小差的学生给你出了一个有趣的难题。尽管他们的行为通常不会干扰别人或课堂教学，但却起到了非常坏的示范作用。很快整个教室就会弥漫着一种散漫的气氛，如果拖延到教什么都没人听的情况就不好整顿了，老师们必须立即采取行动。

告诉开小差的学生停止某种行为不能彻底解决问题，你必须找到解决这种问题的根本方法。你的实践语言应该向学生们表明你期望他们的参与，你想帮助他们投入到学习之中。

找到问题根源，别感情用事

其实学生们并不期望你解决他们的问题，但他们希望你能感同身受。当你看到有的学生看起来有点儿开小差，私下问问他们有什么麻烦。如果他们想谈谈，安排时间和地点。如果他们婉言谢绝，不要追问，用一种温暖的方式告诉他们如果他们想谈的话你愿意倾听。

——查尔斯

当学生们开小差时，你最好维护他的尊严。如果一个老师大声嚷嚷：“你不能在我的课堂上睡觉！”相反，另一个老师悄悄把学生拉到一边，问道：“一切都好吗？怎么在课堂上打瞌睡了？”二者之间的效果有天壤之别。我们可以从学生的角度想想，为什么他们在课堂上睡觉？为什么要在手机上发短信？为什么看小说？为什么就是不认真听讲？当我们明白了学生们为什么开小差，我们就能帮他们作出更好的选择。当你不和自己生气，也不和学生生气时，就可能找到问题的根源。

如果一个学生在你的课堂上走神儿，你心里会暗暗发火吗？这种消极行为使你感到被忽视了吗？你把这视为修理这个学生的一个机会吗？教室里其他学生们会怎么想？接下来的最佳实践语言范例能够帮助你找到这些学生神游物外的根源。

“看起来你今天不能集中注意力。你觉得怎样能帮你集中注意力学习呢？”

——责任性的话

“你违反了我们全班商讨后确定的规则，如果不惩罚你，这样对你和其他同学都不公平。”

——责任性的话

“虽然你可能害怕在课堂上发言，但我想听听你的想法以及你的问题。”

——鼓励性的话

“别为一些事儿心烦，记住，敞开心扉与人分享你的感受比憋在心里好得多。”

——指导性的话

“看起来你有个问题，我怎么能帮你呢？”

——指导性的话

“你的问题我感同身受，希望我的经历能给你启发，我还知道有些人能真正解决你的难题。”

——指导性的话

“让我们谈谈今天什么事儿让你烦心，我们可以看看怎么能一起解决这个问题，这样明天你就会放下思想包袱。”

——希望性的话

“我对你最近的表现感到很担心……一切都好吗？”

——关爱的话

“今天你看起来有点不对劲儿。我们下课后谈谈吧。”

——关爱的话

“如果现在你不想谈，我理解——只是记得当你想谈时，我愿意倾听。”

——理解性的话

总结

宽恕性的话与理解性的话相结合，老师们能使学生改变不良行为，原谅他们过去的错误，给予他们一次改正的机会，使学生们体验并践行宽恕与另一次机会的力量。

即使问题棘手也要保持真实与快乐

作为教育者，我们的责任就是教出一个完整的孩子——身体健康，心智健全。

通过注重本质问题，我们就能够带给孩子们更多快乐，同时也在工作中真正有所收获。

——沃克

很多孩子懵懵懂懂，看不到今天在学校学习的价值，也看不到受教育的价值。所以，花花世界对他来说更有意思，学生们天天想着“学校真无聊！”这不足为奇。满世界都充满了各种有趣的体验，学校怎么能与之竞争呢?

老师们经常迫于“要更吸引眼球才能教好课”的压力，努力使每一件事充满乐趣来费劲儿地吸引学生的注意力。灯光、摄像机、活动、游戏……但是当你没有新花样儿了，学生们就不再理你了。

有的老师试图满足所有学生的兴趣，但是这确实可行吗？老师们能够做到的事就是使他们授课的内容与所有学生相关，我们认为老师必须理解怎么能使教学和“学生的世界”以及“全世界”相关。

你要让学生认识到，今天他学到的东西是有意义、有价值而且重要的。这种方式会使开小差的学生们明白“为什么我需要学习这些知识”，“今天及未来这些知识能有什么用”。

许多爱走神儿的学生把学校视作一个强迫他们做事的机构而不是一个让他们学习、成长且快乐的地方。学生喜欢学校重要吗？是的，重要。喜欢就是“充满快乐”，我们将快乐定义为一种长期的心理满足，不是“坐过山车”的那种快感——当乘坐结束，那种快感随即消失，当学生们努力学习并获得成长和知识，他们会获得长久的快乐体验。学生们必须亲身体验学习的快乐，只有这样他们才会理解学习的目的和他们受教育的价值。我们的目标就是帮助开小差的学生们理解学习并不是“坐过山车”那样的快感，但是学习能够带来征服困难的满足与成功的体验。

你说的话应该能激发学生的兴趣，使学生乐于学习、投入学习。下面的语言范例教你如何跟开小差的学生分享学习的喜悦。

“你几乎做到了。我知道这并不是‘坐过山车’的快感，但当你完成这个项目时你会体验到长久的满足感。”

——鼓励性的话

“虽然这个概念现在很令人困惑，但坚持下去。当你茅塞顿开时，你终于知道该怎么去做，你会感觉非常好。”

——鼓励性的话

“我很高兴看到你喜欢今天的活动，并努力完成得这么好。”

——鼓励性的话

“让我来给大家讲讲，为什么你懂得这些知识很重要，未来它们能用在哪儿。”

——指导性的话

“大家想一想，就在今天，此时此地，我们这个概念和你怎么能联系起来？”

——指导性的话

“这堂课会很棒！今天我们要讲讲大家都需要的东西，所以我期望每个人的参与。”

——高期望值的话

“让我们看看这个问题对你、对你的家庭，甚至对你的未来可能产生的影响。”

——关系性的话

“让我们聊聊这个观念正在如何影响我们今天的世界。”

——团结性的话

总结

当理解性的话与鼓励性的话相结合，老师们可以从学生的角度出发，鼓起学生们的勇气去迎接挑战，克服阻碍、困难、失败、挫折、恐惧与冷漠，使学生们体验并践行换位思考，体验互相理解的力量。

给学生宽恕、指导、鼓励与希望

正面的激励是必需的。没有希望，学生们不会好好学习。没有希望，老师们和管理者们不能做好本职工作。学生们有权被充满希望的专业人士教授。我的理想是最终能够创造一个充满希望的学校。

——科文

许多爱开小差的学生被忽视、放弃，最后被劝退。通常这些学生没有造成任何麻烦，也没有打扰课堂教学。然而，他们伤害了自己，他们的消极行为会导致终生的负面后果。日复一日，这些学生在漠不关心中消耗着他们的才能。

老师的实践语言能给这些学生宽恕、指导、鼓励与希望。下面的最佳实践语言范例将会唤醒爱开小差学生们的潜能，并开启他们的心灵。

“如果学习对你来说有困难，不要感到愚蠢或难堪，因为那样你可能因沮丧而放弃。让我来教你怎么处理这些困难，让你体验到学习中胜利的快乐。”

——鼓励性的话

“看得出来你确实对这次的考试成绩感到失望，不过别放弃，让我们一起作个计划，以便你下次能考好。”

——鼓励性的话

“看起来你需要一个重做这份作业的机会。我知道你能做得比这次更好，而且我想帮助你做好。”

——宽恕性的话

“不要让过去的错误惩罚自己，不要为此懊悔不已。让我们吸取这些错误的教训，向前迈进！”

——宽恕性的话

“注意你能控制的事，不要担心你无法控制的事。”

——宽恕性的话

“不是你一个人在数学里挣扎，你可以向我求助。”

——指导性的话

“你的目标也许看起来很遥远，别灰心，还有其他人能够帮助你实现。实际上，还有其他人在你之前走过相似的路，他们会把经验教训和你分享。”

——指导性的话

“当你已经竭尽全力，但结果仍然不够好——不要放弃，不要停止努力。”

——指导性的话

“不要拿你自己与他人比较，这样会导致不安。相反，要拿今天的你和昨天的你比较，看到你自己的成长！”

——高期望值的话

“我能看到你的未来：

……经营你自己的生意；

……成为一名消防员；

……在你自己的课堂上教学生；

……成为医院里的一名护士……”

——希望性的话

总结

鼓励性的话与希望性的话相结合，老师们可以鼓起学生们的勇气去迎接挑战，克服阻碍、困难、失败、挫折、恐惧与冷漠，激发学生对明天更美好的愿景，使他们活得更好，人尽其才，期待着明天更美好，并为之奋斗。

好老师请牢记

请记住：消除课堂上的厌倦情绪既是学生的责任也是老师的责任。

——责任性的话

请记住：开小差的学生们往往混迹其中，却选择不参与。把他们视为潜在的贡献者，鼓励他们成为课堂上主动的参与者。

——希望性的话

请记住：抓住每个机会与学生们建立“一对一”的联系。

——关爱的话

请记住：每逢有可能，尽力去了解你的学生们。与他们交谈，了解他们的好恶。尽力发现他们的激情所在以及他们真正关心什么。

——关系性的话

请记住：当你表现出你很在乎时，开小差的学生们会有所反应。

——关系性的话

请记住：学生们的想法引导他们的情绪，要想真正理解他们的情绪我们就要正视这些想法。

——理解性的话

第五章

当有学生总想得到关注时，你该怎么说

你有这样一个学生，他不断扰乱课堂秩序，只想得到其他人关注（比如爱接下茬儿的耍宝大王，左右逢源的小交际花，爱说小话的小话痨，爱告状的小密探等等），这时候，你该怎么说？

当学生选择用不当行为来获得我们关注的时候，我们应该能够识别他这么做的意图和目的，并且清楚地知道针对这种行为怎么作出及时的反应和长期的应对措施。

——阿尔伯特

课堂上的每一个学生都渴望得到他人的关注。有些学生是在学业上需要指导，而另外一些是在人际交往上需要帮助。课堂上最渴望得到关注的学生会孜孜不倦地追求他人的关注，他们似乎想让全班所有人都一直关注他。这类学生中的很多人能在社交上感到极大的愉悦感。他们很健谈，努力让同学们开心，而另外一类学生为了得到更多的关注更愿意扮演“班级警察”的角色，他们向老师打小报告，告诉老师班里不对劲儿的情况。这些学生的行为并非都出于恶意，但是他们扰乱了课堂秩序，也使他们身边的同学恼怒不已。老师在教学实践中的话语能够给这些学生适当的关注，并且能够重新塑造他们对他人关注的需求。同时，你的言语和行为也将教会班里的其他学生怎样对待这些想要引人注意的学生。

别发怒，你可以给他适当的关注

当学生们知道你在意他们的想法是否有人聆听，他们的感受会得到认真的考虑，师生间就形成了一种相互关爱的气氛，这种气氛源于老师的在乎，指引着学生都以相互关爱的方式对待彼此。

——尼尔森

事实上，有时候那些需要额外关注的学生很让人恼火。为什么这些学生就比别人需要更多的关注？你心里有没有讨厌这些需要额外关注的学生？给予教室里每个学生适当关注的第一步是把这个学生本人和他的行为分别看待。对待这些想要引人关注的学生，我们不应当愤怒，而应该带有一种责任感，向学生传达这样一种信息——你值得我花时间和精力去关注。他们需要知道你是在意他们的，他们需要和你进行眼神交流，也需要知道你正在倾听他们的声音。你表现给他们的言语和行为传递着这样的信息——我对你们和你们所做的事情感兴趣。

很多课堂纪律问题需要占用宝贵的课堂时间解决。然而，我们经常会感到课上的时间不够关注到每一个学生，其实我们只需花上几分钟去倾听一个学生就可以满足他对老师关注的渴望，并且也可以给我们更多的启示——怎么能够纠正他们的行为。看看以下这些最佳实践语言范例，也许会对你处理课堂中爱吸引别人注意的学生的问题有所帮助。

“如果你在课堂上制造麻烦，我保证不会把你单独叫起来或是对你高声喊。我会用安静的、尊重的目光和你交流，拍拍你的肩膀或是就这个问题单独和你谈谈，使你重新回归正轨。”

——责任性的话

“你并没有惹上麻烦，但是我们需要就你的行为进行一次交心的谈话。”

——责任性的话

“我将停下我手中正在做的事情，因为我想倾听你的想法。”

——关爱的话

“我不骗人，你已经触到我的底线了，但是我会坚强、耐心地帮你渡过这个难关。”

——关爱的话

“你对我来说意义重大……我想倾听你的想法……我对你所做的事情很感兴趣。”

——关系性的话

“现在做这些不合时宜，但我对你想跟我分享的事情很有兴趣，等我做完手上的事，我们来好好聊聊。”

——关系性的话

“我和你处在不同的年龄，但你经历的很多事情我真的能理解。记得我上学的时候也要平衡家庭、朋友，以及玩耍和做作业的关系，我花费了很多精力去平衡它们。我该怎样帮助你分清主次并且平衡它们呢？”

——理解性的话

总结

当老师将关系性的话和责任性的话配合使用时，就可以和每个学生建立起充满关爱的积极联系，并且培养学生的责任感。这样一来，学生可以培养出伴其一生的对其有益的人际关系，还可以培养出为自己人生负责的责任感。

积极重塑学生对“关注”的态度

当学生受到他人积极的关注时，他们感到自己是有价值的。

当学生取得的成绩受到关注时，他们会感到自己是很重要的。

当学生被他人接受，无关他们有怎样的优点和背景时，他们感到自己存在的意义。

——查尔斯

我们有众多的机会去传达我们的关爱，我们必须抓住这些机会。当学生感到自己被别人在意的时候，他们会配合教学而不再通过不当行为来吸引关注，只有当学生感觉到不需要通过不当行为来吸引关注的时候，他们才会自由自在地踏上学习的旅程。

——尼尔森

有时候，对他人的关注贪得无厌地追求使这些渴求关注的学生没办法发现自己行为的消极影响。课堂上的耍宝大王让自己显得愚蠢又幼稚，左右逢源的小交际花儿们分散他人注意力的同时也影响自己的学业。若是没有恰当的引导，他们的不当行为会产生长期的消极影响。我们的工作是帮助渴求关注的学生将他们对关注的极端需求减至最小，培养他们的自我控制能力和个人责任感，用以代替他们对关注的极端需求。

渴求关注的学生希望得到他人的认可和肯定。课堂上爱耍宝的学生想要逗大家笑，社交公主想要认识更多的人也让别人认识自己。为了满足他们对于关注的渴望，老师应当把他们的这些能力引导到适当的方面。举例而言，课堂上爱耍宝的学生可以参演学校的舞台剧，从那里听到同学们的欢笑，得到同学们的掌声。社交公主可以在学校社团和课外活动中负责外联工作。我们所说的话应该能够给这些学生提供指导和努力的方向，并且保护他们不受伤害。

什么样的话能帮助这类学生改变他们在课堂上的不当行为？你将怎样满足他们的需求或是怎样创造能满足他们这种需求的环境？当你面对这类学生的时候，可以考虑以下这些语言范例。

“该学的时候学，该玩的时候玩。”

——责任性的话

“我知道你很喜欢给朋友发短信，我也很喜欢。但是现在不是发短信的时候。”

——责任性的话

“如果你有趣事想和他人分享，请等到学完这课，那时我会给你机会和大家说你想说的话。”

——责任性的话

“你可以去试试参演舞台剧，你会演得很棒的！”

——鼓励性的话

“想过在学校社团里面当学生干部吗？你的人际交往能力一定能胜任这个工作。”

——鼓励性的话

“当你尝试‘融入小圈子’而感到受排挤的时候，请记住真正的朋友是无论你怎样都喜欢你的人。”

——指导性的话

“请仔细想清楚你到底想跟我说什么。”

——指导性的话

“当有人干扰你的时候，你应该礼貌地告诉他停下来，如果他仍然不停，你就告诉我。”

——指导性的话

“你在接下茬儿上展示出了超人的聪明才智。要是你能把这些聪明用到学业上来，那你的进步将是不可估量的。”

——希望性的话

总结

当责任性的话和指导性的话结合使用时，老师可以使学生始终保持责任感并且帮助学生找到成功之路，培养恰当的行为。这样一来，学生就可以保持对自己负责的态度，并且学会管理自我。

让学生学会“尊重”和“协作”

在日常教学中当老师运用“协作”模式时，学生就能体验到被同学关爱和关爱他人的力量。他们体验着责任、公平、宽容、团队合作、理解以及尊重不同意见的感觉，他们可以学到互帮互助。

——卡尔

通过向全班学生传递“每个人都应该赢得我们尊重”的信念，可以促进班级团结和团队合作。如果老师们不注意自己的言行，他们向学生们自然流露出的是“老师不喜欢渴求关注的学生”这样的信息。我们谈论这些渴求关注学生的语气，以及我们和这些学生交谈的方式都能体现出我们对这类人的感觉——学生有可能误解老师的言语和行为。如果学生们认为我们的言语和行为暗示着对一个学生的不喜欢，那么其他学生就会效仿我们的态度。在保证班级团结的同时，谨慎对待寻求关注的学生是至关重要的。

当我们让学生为自己的不当行为负责，同时保住他们尊严的时候，学生就能感受到我们的宽容。以下这些语言范例通过示范怎么对待需求关注的学生来提高班级凝聚力。

“你选择做什么不仅只影响你自己，还影响你周围的人。”

——责任性的话

“当有人在教室里做出不当的行为时，其他人很容易感到沮丧和愤怒。让我们用积极的态度试着帮助他们学会正确的行为。”

——宽恕性的话

“当你遵守纪律时，你就是其他同学效仿的好榜样。”

——指导性的话

“我很高兴看到今天你在大会上的表现。你向我展示出你知道怎样集中自己的注意力，并且做其他同学的好榜样。”

——希望性的话

“请保证你的行为不会分散同学们放在学业上的精力。请尊重他人想学习的愿望。”

——尊重性的话

“我们都是不同的个体，有些同学活泼好动，有些同学性格沉静。让我们试着更加了解彼此，我们可以从彼此的差异之中学到很多。”

——理解性的话

总结

当指导性的话和尊重性的话组合使用时，老师能够帮助学生找到成功之路，形成正确的行为方式，并且向学生展示怎么互敬互爱。这样做可以培养学生自我管理的能力，并且让学生学会尊重自己和他人。

好老师请牢记

请记住：当我们允许某一种不当行为不负责任地继续下去，我们就是不经意地传递这样一个信息：我们并没有期待学生能够听从我们的教导，达到我们的期望。

——责任性的话

请记住：短期内对学生妥协，任其发展是件很容易的事。但是他们绝对需要接受系统性的责任意识培养，需要使他们对自己的行为负责。

——责任性的话

请记住：鼓励那些爱打小报告的同学去面对特定情境。教会他们用恰当的语言来表达自己的感受和想法。

——鼓励性的话

请记住：有些时候我们会不喜欢学生的所作所为，但是他们仍然需要我们爱他们，并且需要我们指导他们对自己的行为负有责任感。

——宽恕性的话

请记住：学生们对不当行为并不反感，相反，他们喜欢课堂上爱耍宝的学生、左右逢源的小交际花、爱说小话的学生。包容他们，并且要深挖这些问题出现的根源。

——宽恕性的话

请记住：当你满怀憎恶时，很难认清学生真正的需要。

——宽恕性的话

请记住：教你的学生学会打小报告和汇报的区别。打小报告是为了引起老师的注意或是给同学惹麻烦而对老师说的话；汇报是和老师分享信息以防止麻烦发生或是帮助他人。汇报的目的是为了保持一个安全的班级环境。

——指导性的话

请记住：学生需要学习如何与他人互动。我们可以用排练、角色扮演、优秀行为示范或者共同讨论问题的方式和他人互动。

——指导性的话

请记住：当学生自己不完成学习任务，或是分散他人的学习注意力时，这是一种信号——他在学业上或是情感上需要你更多的关注。

——理解性的话

请记住：学生的情感需要一个释放的出口，所以给他们机会去交谈，去交往。

——理解性的话

第六章

当有学生爱发怒时，你该怎么说

你想要以稳妥的方式阻止教室里的情绪大爆发（比如，有的学生来到学校前就怒气冲冲，或者在教室里变成随时都会喷发的火山），这时候，你该怎么说？

我们渴望宝贵的教学时间不被打断，没有领导传唤，没有敲门声，没有学生情绪失控。教学时间内不被干扰是每个老师的梦想，被打扰是件很让人沮丧的事情。然而，在处理这些干扰教学的事情上，特别是学生的情绪爆发，要格外小心。因为他们有可能影响到班里的每一个人，甚至引起更大的麻烦。我们必须有充分的准备来应对情绪爆发，即：尊重学生，悄然转移学生的注意力，化解局面，把教学时间的损失减至最低。

了解学生愤怒的原因并促进个人责任感的形成

当干扰事件发生时，成功的老师会思索这种不当行为产生的原因，把学生当作独立的个体作出反应，把干扰事件当作教育学生和示范自律的机遇。

——斯特汉

当我们以一种亲切坦率的语气告诉学生我们想表达的事情时，学生们会感到我们是可以信赖的。他们感到自己被他人尊重并且有安全感，这是培养自律的必要条件，也是完成学业要求必须承受的风险。

——杜腾

情绪爆发就好比学生脖子上系着个“我需要帮助”的标识。这类行为是一种清晰强烈的暗示，即学生此刻正在被外物干扰。我们越快地深入问题去找到干扰这个学生的原因，就可以使学生越快地重新投入到学习之中。教室里学生情绪爆发的种类多种多样，从大声地喊出问题的答案到大声粗鲁地咒骂不等。无论发生了什么，我们都必须试着揭示这些问题的原因，并且小心翼翼地处理好。一些学生的情绪爆发仅需要老师的鞭策和鼓励就能化解，而另一些情况要想根本性地解决也许需要来自老师、学生辅导员和父母更多的鼓励才能达成。

下面这些最佳示范语言通过探索问题的根源给老师带来崭新的视角，教会老师如何有效帮助学生，怎样让学生对自己的行为负责。

“你知道我们不能接受这样的行为，我知道一定有什么原因让你这样做，但是你必须自律，使这种情况不再发生。现在，你想说些什么吗？你为什么这么做？”

——责任性的话

“你可以选择在教室里如何表现，但请记住，我们每个人都应当对他们的选择负责。”

——责任性的话

“我们想要别人怎么跟我们说话，就要怎么对待别人。”

——责任性的话

“当别人在课上发言的时候，尊重他们很重要。”

——尊重性的话

“昨天你看起来明白了，今天你显然没听懂。让我们回顾一下昨天课上的内容来看看你怎样能听懂，你在课上喊的答案没有切题。”

——理解性的话

“你的情绪爆发使我很惊讶，发生什么了？”

——理解性的话

“请告诉我，为什么你会这样说？”

——理解性的话

总结

当理解性的话和责任性的话组合使用的时候，老师可以发现学生的观点并培养学生的责任感，这样学生可以体验怎么理解他人，并且也能负有高度的责任感。

保全学生的尊严是避免其情绪爆发的好方法

管理课堂最好的方式是我们以足够的尊重对待学生、面对自己。

——史密斯

当教室里的情绪失控的时候，我们常常倾向于以其人之道还治其人之身。如果学生们大声，我们也就大声；当他们愤怒的时候，我们也容易愤怒。学生大声说话时我们很难不拔高自己的声音，当学生怒气冲冲的时候我们也很难不生气。然而，我们不应该以暴制暴，相反应，当以自己的亲和力化解问题。一个学生的情绪失控会影响教室里的每一个学生，而老师的反应无疑也会影响到教室里的每个人。教室里的每个学生都焦急地等着看老师是怎么解决这一问题的。他们想看到的是我们能够既保全了学生的尊严又使学生对他们的行为负责。

情绪失控是缺乏自律的表现。学生需要我们用言行示范自律和自尊。学生想看到我们带着平和和理解的态度来处理这种剑拔弩张的情况。下面的最佳实践语言范例以尊重的态度处理学生的情绪爆发，并且给学生以适当的方式来平复他们的情绪。

“当你处于这样一个时刻：你想说的话并不该说，停下来想想其他可供选择的方式，妥善选择用词。”

——指导性的话

“我知道这让你很沮丧，但是你几乎已经做到了，你已经接近成功了，再坚持得久一些。”

——希望性的话

“如果你觉得很难熬，与其在全班同学面前喊出来，不如给我传递个信号，我们可以聊聊，一起度过这段时光，共同解决问题。”

——关系性的话

（小声对某个学生说）“我并不想在全班同学面前叫你出来，但是课下我们需要就你刚才的表现谈一谈。”

——尊重性的话

“这样的行为（语言）是不恰当的。这不是我们在教室内认可的行为方式。”

——团结性的话

总结

责任性的话和尊重性的话配合使用时，老师可以使学生们一直保持责任心，并且向学生表明师生间的互敬互爱，这样可以让学生负有责任感并学会尊重自我，尊重他人。

好老师请牢记

请记住：有时学生表现不好，是因为他们没听懂任务。

——鼓励性的话

请记住：当意想不到的事情发生时，你需要给学生一个负责的机会。你需要给予他们宽容，并且表达你对他们的信任，这样他们有时会表现得更好。

——宽恕性的话

请记住：没有一个学生是完美的，所有学生都会犯错误。尽可能给他们第二次机会，同时让他们知道发飙的行为是不被认可的。

——宽恕性的话

请记住：当你把学生和他的行为分开看待时，你可以感到退一步海阔天空的轻松，并且让学生知道——我仍然在乎你——但是我不喜欢你的行为。

——宽恕性的话

请记住：如果你感觉有挫败感，安静下来，深呼吸，花几分钟去冷静。相信你并不想说什么或做什么来伤害你和学生之间的关系。

——关系性的话

请记住：如果一个学生打断了你的教学，试着继续下去。为了保全学生的尊严并让他变得有责任感，走过去对学生低声说你会在课下与他讨论这个问题。

——关系性的话

请记住：当学生表现出不尊重时，（例如不恰当的情绪失控）单独叫一个学生站起来会导致他备感羞愧，并且使问题恶化。因此，应该以尊重的方式把学生单独叫到走廊来讨论这个问题。

——尊重性的话

第七章

当有学生胆小爱害羞时，你该怎么说

你想让教室里的胆小爱害羞的学生摆脱尴尬不安的情绪（比如害怕失败，无法融入集体，担心同学间的压力，新生的焦虑感，怕被别人奚落取笑等等），这时候，你该怎么说？

很多学生来学校是为了寻找一个安全的港湾。课堂应该是让学生感到有安全感的地方，是他们的另一个家。在这里，恐惧、尴尬、不安等情绪得以化解；在这里，学生知道犯了错误也无妨，犯错是学习过程中必要的一步。事实上，我们应该帮助学生们明白——从错误中学习往往能带来真正的进步和最终的成功。老师怎么营造课堂里的安全感至关重要，你的言行能够营造出一种温暖舒适的氛围，这种气氛促使学生成功，帮助学生互相理解，并得到他们的支持。

让课堂成为一个安全的港湾

我们希望教室是学习者的港湾，在那里，学生为自己负责，尊重彼此，关心彼此的安全和学业。

——麦克罗埃德

我们在教室里一起学习，我想帮助你变得更加出色并不断超越自己。我的工作是教会你，帮助你学习，而不是找出你的错误并以此责罚你。

——格拉斯

创造安全港湾的第一步是建立起一种让学生身心、情感、学业上都有安全感的教室环境。当学生有安全感时，学习上的进步很快。营造有安全感的环境可以帮助学生克服尴尬不安的情绪并带来很好的教学机会。

帮助学生克服恐惧感是使他们的学业和社会生活成功的关键。我们的目标是营造一种有安全感的教室文化，使每个学生都能全心投入。积极问答问题、交流观点对于大多数学生来讲并不是什么难事儿，但对于没有安全感的学生来说却像是极大的冒险。没有安全感的学生情感脆弱，害怕经历尴尬的心态阻碍了他们的行动，也限制了他们对周围人的信任。当我们信任周围的人时，我们会感到安全，并且倾向于展现出最好的一面，有利于发挥自己最大的潜力。下面的这些最佳实践语言有利于形成积极的课堂气氛，使学生们有安全感并愿意展现出最好的自己。

“问题没有聪明愚蠢之分，相互学习最好的方式就是问问题。你的问题可以帮助我们大家更好地理解教学内容。”

——指导性的话

“我们希望教室里充满希望，因为希望能帮助我们克服对自己的质疑和不安。”

——希望性的话

“在我们的课堂上，我们希望形成一种气氛，当人们表达这样或那样的观点，没有人觉得尴尬。我们在一起学习就要尊重彼此的观点和想法。”

——尊重性的话

“我们每个人都是独一无二的，尽管我们穿着不同，说话的方式各异，但是这些差异不该成为不尊重他人的理由。”

——尊重性的话

“我真心感谢你帮助新同学的行为，你让他觉得自己这周很受大家欢迎。”

——尊重性的话

“在我们的课堂上如果有人犯了错误，这时想想你该怎么看待这个错误很重要。在课堂上，我们想要他人怎样对待我们，就该怎样对待他人。”

——理解性的话

“课堂上的每个人都是不同的，我们不可能总是同意别人的观点，但是每个人都应该得到我们的尊重和善待。”

——团结性的话

“我希望所有人都感到课堂是让人舒服的地方，所以我们对怎样使课堂成为一个有安全感的港湾应该有清晰的认识。”

——团结性的话

总结

当老师将团结性的话和尊重性的话结合使用时，有利于在课堂上形成团结协作的氛围，并教会学生相互尊重、彼此欣赏。

选择设身处地地理解他人

设身处地地倾听需要花费时间，然而它所花费的时间远不及已经在错误的道路上走出甚远、回头重做、弥补错误、化解误会所花费的时间，也远不及处理那些悬而未决的问题所消耗的时间。人们都渴望被他人理解，投入时间去准确地理解一件事往往会带来丰厚的回报。

——康维

体贴他人需要理解和技巧。善解人意的老师会一直关注学生的特点、需要、感受以及周围境况。他们知道这些因素中的任何一个因素都会影响到学生的心情、行为、课堂参与度以及学习效率。

——查尔斯

当学生感到尴尬不安时，他们的反应是不同的。有些学生觉得难为情，他们会放弃尝试，变得更加安静内向。另外一些可能会有内心情感的波动，觉得不值得努力尝试。还有个别的情况，学生会变得愤怒甚至逆反。无论遇到什么样的情况，老师都应当表现得能够设身处地地理解学生。设身处地地理解学生是一种能够体会他人感受的能力，它使老师认为学生的这种行为只是他们面对不良情绪的方式。

当一些学生经历过尴尬不安的情绪，其他学生会害怕经历这种感觉。他们选择停留在他们认为安全的地带。他们并不想参与教学，因为他们怕会犯错，甚至做得更糟，他们害怕其他人的嘲笑。为了帮助学生克服这种恐惧，老师必须示范并且鼓励学生设身处地地考虑他人的感受。老师应当教会学生设身处地地站在他人的角度看外界的事，倾听外界的声音。当他们选择去理解别人的感受，他们就容易做到以己度人。以下这些最佳实践语言有助于在课堂上形成设身处地理解他人的气氛，也能够防止教室里产生尴尬不安的情绪。

“记住，在你挑剔他人之前请先想想如果他人如此挑剔你，你是何感受。”

——指导性的话

“当他人感到尴尬的时候，请别嘲笑他让他的感觉更糟。请记住，我们都会犯错，把自己放到他的位置上去想想，请尊重他人的感受。”

——尊重性的话

“你有什么感受？把你自己放在那个位置上，你愿意被如此对待吗？”

——理解性的话

“如果别人跟你说这些话你会有什么样的感觉？”

——理解性的话

总结

当尊重性的话和理解性的话结合使用时，老师能够向学生展示怎样互敬互爱，同时这有利于老师理解学生的观点，使学生能够学会尊重自己和他人，体验并实践设身处地理解他人的力量。

如何有效地帮助学生克服恐惧感

学生喜欢而且信任那些相信他们并坚信他们能取得成功的老师。传达这样的信念是建立良好师生关系的重要一步。

——麦克罗埃德

肯定性的话激励学生对他们已知的闪光点更加自信，并促使他们关注自身隐藏的一些特质。当积极的特点被发掘时，学生们不仅自我感觉很好，而且对老师抱有好感，因为是老师们花时间去关注他们，肯定他们。

——阿尔伯特

起积极作用的纪律是使学生有能力接受严峻的考验，扫清障碍，完成重大的任务并参照其做出正确行为的准则。

——斯特汉

当学生尴尬不安时你会对他说什么？你说的话将怎样帮助学生克服尴尬不安等情绪呢？你的话能够让老师和课堂里的每个学生架起一座信任和理解的桥梁吗？其实，每一次师生谈话都是一次和学生个人接触的机会，一个了解学生期待和恐惧的机会。了解学生能够使你说出的教学语言更有人情味和针对性，同时有助于形成互相信任和互相尊重的师生关系。

当学生们感到尴尬不安时，他们往往缺乏信心，不了解自己真正的潜力。老师应该对尴尬不安的学生说："我知道你能做好，因为我了解你。"当我们说这些话时，能帮助学生发挥优点，建立自信，找到可能成功的途径，学生开始相信你告诉他们的话并按此努力。以下的最佳实践语言范例能够给学生们提供有针对性的个性化帮助。我们要帮助学生把自己看作有能力成功的人，这样他们成功的可能性会越来越大，直到成功变为现实。

"我不允许任何人说你不行！"

——鼓励性的话

（一个学生顶住了压力选择帮助另一个同学）“我听说了你是怎么和你的同学一起处理这件事的，作出正确的选择需要很大的勇气，我非常感激你为同学所做的。”

——鼓励性的话

“我知道你害怕做这个团队的领导者，但是我知道你可以做得很好，因为你具备一个优秀领导者的品质。你是一个很好的倾听者，你能够尊重每一个成员。”

——指导性的话

“不要听信那些让你泄气的人说的话。他们只是想限制你，不让你成功！”

——指导性的话

“你对我来说很重要。”

——关爱的话

“等一下……请再说一遍……我真的很想听你刚才说的话……我之前没有那样想过。”

——关系性的话

“别害怕尝试。我相信你能做好，我看到过你之前完成过相似的任务。”

——关系性的话

“我完全理解你的观点，但是看待这件事有没有其他的方式呢？”

——尊重性的话

“这只是看待此事的一种角度，有没有人持不同观点？”

——尊重性的话

“当这件事发生时你是什么感觉，可以谈谈吗？我怎样才能够帮到你？”

——理解性的话

（对某个学生说）“我尊重你的个性，我认为你可以发挥你的优势帮助我们班其他同学。”

——团结性的话

总结

当理解性的话和关系性的话结合使用时，老师可以了解到学生的观点，并和学生建立起充满关爱的积极联系。这样学生可以体验并实践如何设身处地地理解他人，同时可以培养长久而有益的人际关系。

好老师请牢记

请记住：让你的学生知道你在乎他们，对待他们一视同仁。

——责任性的话

请记住：表达责备的语气时，有时候用以“我”为主语的信息比“你”更能表达你的情感，同时让学生对自己所做的负责。

——责任性的话

请记住：课堂体验或许是一个学生人生中最具深远影响的经历，

确保这些经历是积极向上的，令人振奋的。

——希望性的话

请记住：别害怕和学生分享对你来说最重要的事，花时间去了解你的学生，了解是什么激励他们，他们在意什么，喜欢什么。

——关爱的话

请记住：请留心观察学生有可能感到尴尬的瞬间，尴尬可能会使学生感到耻辱、困惑和羞涩。

——关系性的话

请记住：与其忙着给学生贴标签，不如与他们建立起有意义的更能激励他们成功的联系。

——关系性的话

请记住：尝试真正去认识你的每一个学生。

——关系性的话

请记住：老师的工作就像乐队的指挥，要把每个学生当作一个音符，他们融在一起才能成为和谐的乐章。

——团结性的话

第八章

当有学生没礼貌不自尊时，你该怎么说

如果学生没有表现出对自己、同学甚至老师的尊重，你该怎么说？

当我们变得越有能力、越有价值、越受别人尊重时，我们的自尊心会越强。影响学生最有效的办法之一是帮助他们获得做人的尊严。我们可以通过多种方法达到这个目的，比如表达对他们的欣赏和重视，对他们积极地关注，提到他们有成就感的事情，彬彬有礼地对待他们，询问他们的想法，聆听他们的意见。当我们如此对待学生时，学生会向我们征求意见并且愿意配合我们。他们给了我们丰厚的回报：他们尊重我们，表达对我们的尊敬和喜爱。

——查尔斯

尊重对我们身边的人有强烈的涟漪效应。当我们给予他人尊重，他人也会对我们报以尊重。当我们尊重学生时，他们就会感到自己充满力量，有存在感，是被别人需要的。当学生感到他们被别人尊重时，他们会更加自尊并尊重他人。这一章将阐述帮助学生认识到自尊和尊重他人的重要性这一很有挑战性的话题，我们提供的最佳实践语言范例将帮助你营造相互信任的课堂氛围。

想让学生自尊要先给尊重下定义

让学生明白如果他们想要一个好声誉，最好的办法就是做一个有道德的人，尊重他人，欣赏他人的优点。鼓励学生在彼此交往时这么做，注意观察学生的行为，当他们这么做时，要在班里大加称赞。

——查尔斯

维持班级秩序的第一条准则是尊重他人。但是学生知道什么是尊重吗？他们知道课堂上的尊重该怎样做或是怎样说吗？老师必须给真正的尊重下一个清晰的定义并给出具体的例子。如果一直没有给尊重下定义，学生会觉得尊重是个很抽象的概念。尊重的意义解释起来是开放性的，学生可能对尊重的含义有自己的见解。

我们认为当学生表现出尊重自己和他人各自的特点时，这才是真正的尊重。这显示了他们对他人发自内心的理解和欣赏。在任何情况下，老师都应该说尊敬他人的语言，并愿意和学生分享尊重别人的事。在课堂上，老师应当抓住一切机会去突出强调学生尊重他人的事例。下面的最佳实践语言范例教我们在教室里应当怎样做和怎样说才能表达尊敬。

“无论输赢，我们都应当支持对方，并且真心祝贺胜者。运动精神就是——我们能赢得起也能输得有尊严。”

——鼓励性的话

“当我和你意见不一时，我会尽力给你做出榜样，教你怎样能够以尊重他人的方式表达不同的意见。”

——指导性的话

“我们要通过听和说来学习。所以我们将帮助彼此弄清楚什么时候该表达，什么时候该聆听。”

——指导性的话

“我真的很欣赏你的诚实。当你和我坦诚相对时，我知道你有足够的准备来讲出真实的情况。”

——关系性的话

“我欣赏的性格是诚实。我会坦诚对你，希望你也对我坦诚。”

——关系性的话

“我迫切地想听听你们每个人对今天这个话题的看法，让我们聆听每一个人的想法并热切地关注他们。”

——尊重性的话

“我很欣赏你能够耐心等待并且关注其他同学的发言，这就是尊重他人的行为。”

——尊重性的话

“我们应当怎样做、怎样说来表达我们对他人的尊重？”

——理解性的话

“我理解你所说的，但是我不同意这个观点。让我们允许不同的观点存在并且使谈话继续下去。”

——团结性的话

总结

指导性的话和理解性的话结合使用时，老师可以帮助学生找到成功之路，塑造得体的行为，并了解学生的观点。这样学生就能够学着进行自我管理，并且体验和实践设身处地地理解别人的力量。

深挖“没礼貌”行为的根源

当学生违背你在课堂上要求尊重他人的指令时，要注意不要表现出对他们无礼行为的负面态度，无礼的蔓延是很快的。

——宝芭

学生可能对什么是尊重没有一个清晰的概念，但他们肯定明白不敬是什么表现，他们也知道不敬是什么感受。当学生对你不敬时，你是什么感受？你会作出怎样的反应？你会认为他是针对你吗？如果我们以同样的态度对待学生的不敬，有可能造成一些更糟糕的问题。当学生不敬时，我们的言行能够缓和局面，但也可能使局面更糟。

不敬行为的背后其实暗示着有更深层的问题存在。我们可以解读出这样的信息：我这样做并不是因为我是一个坏孩子，我非常挣扎并需要你的帮助。如果你能找到我无礼的原因并且帮我解决掉，我能做一个好孩子。为什么学生要对他人无礼？潜在的原因是什么？有些学生对他人不尊敬是因为曾经也被别人无礼对待。这种无力无助的感觉导致无礼的表象，因为他们想找到更强大的力量来控制老师和其他同学。另外一些无礼行为可能是学生感到愤怒、受威胁、不安、嫉妒甚至是寻求报复的信号。当我们能找到无礼行为的潜在原因时，就像是对学生说——我来帮助你了。

不够自尊的学生又是什么情况呢？有没有能反映他们内心的外在表象？我们能帮助他们吗？当学生感到信心不足，不想努力或是害怕失败时，他们就会缺乏自尊。缺乏自尊导致一系列的问题，这些问题有些轻微，有些极端。有些学生想低调到无形，有些学生却想成为众人的焦点。由于他们想要补偿自尊的不足，他们的课堂参与要么非常有限，要么过于活跃。当学生感到不安或感到不值得努力去做，他们就会选择作出不自尊的反应。

了解为什么学生不自尊也不尊敬他人的原因就可以帮助我们指导学生选择其他的行为。如果我们能够找出不敬的潜在原因，我们就能把学生和他们的行为区分看待，并努力解决他们不敬行为产生的根源。以下的最佳实践语言范例向学生表达出你想了解他们不敬行为的原因，并想帮助他们解决问题的意图。

“这样做是非常不友善且无礼的。你怎么能这样处理问题呢？”

——责任性的话

“我仍然在意你，但是我不喜欢你的行为。”

——宽恕性的话

“我知道你今天很不顺利，但我相信你的能力，相信你能做得更好。”

——宽恕性的话

“我很关心你在其他课上的表现，我听说你让其他老师十分头痛。

其实你可以表现得很好的，我知道你能做到。”

——高期望值的话

“我很高兴能和你一起努力，根据计划改变你的行为。我知道一定会有效果的，因为你是一个有决心的人，一旦你决心做一件事，你一定能成功。”

——希望性的话

“不尊重自己的人也不可能尊重他人。”

——尊重性的话

“即使你举止无礼、行为不当，但我仍然愿意帮助你。我希望你能成功，让我们找到一条成功之路吧。”

——宽恕性的话

“当别人不尊敬你时，你是什么感受？”

——理解性的话

总结

理解性的话和关系性的话结合使用时，老师可以理解学生的看法，并且有利于和学生建立充满关爱的积极联系。这样学生可以设身处地地理解他人的感受，同时也有利于培养终身受益的人际关系。

建立一个相互尊重之锚

相互尊重是一条双向行驶的道路，它使年轻人把成人看作和学生一样需要照顾和鼓励的群体。当老师让学生参与，听取对方的意见，认真地对待对方，为集体利益共同努力来解决问题的时候，相互尊重的气氛就形成了。

——尼尔森

锚是当事情偏离正轨向不好的方向发展时提供稳定性和增加安全性的物体。锚可以阻止船向不安全的水域漂流，只要船和锚稳固相连，锚就能给船上的人很强的安全感。我们认为相互尊重就像是教室里给每个学生提供安全感的锚，当学生和老师彼此尊重时，教室就是一个孕育成功的安全港湾。

创造并延续互相尊重的课堂文化是我们的目标。首先，老师要尊重学生，当学生感到他们被人尊重时，他们就能明白尊重他人应当怎样做和怎样说，继而他们也会自尊并且尊重他人。

我们都渴望得到他人的尊重，当我们愿意给别人以尊重时，我们也期待他人回报以尊重。然而当我们对他人的尊重得到的是他人对我们的不敬，这时就会有狂风暴雨了——信任缺失，良好的关系受到损害。营造课堂上相互尊重的气氛可以避免这类“风暴”。我们的终极目标是让学生学会有意识地尊重他人，那样他们就会自觉地表现出对同学、老师和自己的理解和欣赏。以下的最佳实践语言范例可以推动建立在信任和互相尊重之上的良性关系。

“我有责任确保你们所有人都有机会学习并且完成作业。作为你们的老师，我要对课堂的情况负责，我们必须互相尊重。”

——责任性的话

“我们需要一个人来开创相互尊重的课堂文化，然后一传十，十传百，传递下去。”

——鼓励性的话

“我关心你，所以我将帮助你对自己的选择负责。”

——关爱的话

“我相信你。”

——关爱的话

“当你所有的朋友都作出错误选择的时候，这时作出正确的选择是很难的，我相信你会作出正确的决定。”

——关系性的话

“我们不可能一直和别人观点一致，当我们有不同意见时，我们更要尊重彼此。”

——尊重性的话

“你可能不喜欢那位老师，但是他也一样应该得到你的尊重。”

——尊重性的话

“如果我们彼此不尊重对方，那会发生什么呢？”

——理解性的话

“为什么彼此尊重如此重要呢？”

——理解性的话

“你可以帮助我想想这个问题，你是怎么认为的？”

——理解性的话

总结

关系性的话和尊重性的话结合使用时，老师可以和学生建立起充满关爱的积极关系，并且向学生示范怎么让彼此之间互敬互爱。这样学生就能够和他人建立起终身受益的人际关系，同时学会尊重自己和他人。

好老师请牢记

请记住：处理学生的无礼行为时，请言出必行。学生希望看到我们言行一致。

——责任性的话

请记住：学生有时会作出错误的选择，他们需要你来纠正。

——宽恕性的话

请记住：学生需要看到、听到该怎样做、怎样说才能表达出尊重的具体事例。

——指导性的话

请记住：当你表现出尊重他人的言行时，你能改变学生的思考方式和行为方式。

——指导性的话

请记住：用尊重的态度和学生交谈，他们可以获得“老师在意我”的信息。

——关爱的话

请记住：单独和学生交谈有利于我们深入了解他们的生活、思想和需要。

——关系性的话

请记住：学生很少听到权威人物说“抱歉”或是“我错了”。这样坦诚的行为教会他们——道歉能够恢复一段关系，是正确的做法。

——关系性的话

请记住：你若不愿意尊重他人，就不要期待别人尊重你。

——尊重性的话

请记住：尊重他人的行为是有感染力的。

——尊重性的话

请记住：当你把学生的无礼行为当作是针对你个人的行为，那么你可能会忽略掉一个解决问题的方案。

——理解性的话

第九章

当有学生发生口角时，你该怎么说

你看到两个学生在教室里闹矛盾（比如互相谩骂、推推搡搡或是打架斗殴等等），这时候，你该怎么说？

本杰明·富兰克林说过："表面上一切都承诺会亘古不变，但事实上，除了死亡和赋税，没有什么是一成不变的。"我们相信，老师这个行业看起来会一直存在，但是，在老师的世界里，除了文案工作和学生矛盾，没有什么是一成不变的。由于学生不同的需求、背景、性格、癖好、特质，学生之间很容易产生矛盾。学生矛盾从观点不一到打架斗殴，有各种表现。除非我们能采取措施防止、缓和与解决学生矛盾，否则这些矛盾会演变成更加频繁发生且后果严重的行为。下面的最佳实践语言范例可以帮助学生了解他们之间的差异，化解他们之间的矛盾，最终达到班级团结。

预防矛盾的产生胜于出现问题再解决

当学生步入教室的时候，假设他们手上拿着一份隐形合约，上面写着："请教会我在一个安全有序的环境中做出恰当的行为。"

——史密斯

回味着富兰克林语言中的智慧，我们认为对于学生矛盾，一分预防胜过十分治疗。每一天，教室里都有矛盾发生，老师必须制订预防矛盾并促进团结的行动计划，这个计划应该从积极地探索和理解导致学生间发生矛盾的行为开始。下面这个清单揭示了教室里学生发生矛盾冲突的基本原因。

嫉妒	错误的报复
竞争	贪婪
寻找优越感	追求权利
被拒绝	愤怒
失望	误解的愤怒
尴尬	恐吓
被冒犯	争夺财物
受到伤害	自私
被侮辱	感到不被尊重
肆意报复	身体不适

当老师了解了教室里学生矛盾的起因，我们就能够更好地帮助学生避免和他人发生矛盾。在矛盾发生之前向学生展示更妥善的应对方法，同时快速识别能作出正确选择以避免争执的学生是预防问题发生的关键。老师应该给学生提供机会公开讨论引起冲突的原因，并让学生通过角色扮演了解怎样才能预防矛盾的产生。下面的最佳实践语言示例教会学生在矛盾尚未发生，或是矛盾没被激化时该怎么做。

“有时候其他同学让你感觉非常气愤，甚至想通过砸东西或打人来发泄。与其那样做，不如退让一步，深呼吸，花时间让自己原谅他们而不是让他们承受应得的报复。”

——宽恕性的话

“当班里一位同学犯错误的时候，这是一个很好的机会，可以让我们记住每个人都有可能犯错误。不要取笑他们或是对他们发火，而要以你想被他人对待的方式对待他们。”

——宽恕性的话

“若想保持班级团结，非常重要的是带着尊重和理解的态度来表达不同意见。”

——宽恕性的话

“不要把愤怒的情绪憋在心里不和我或是其他成年人分享，让别人知道你有怎样的感受，这样他们才能帮助你解决问题。”

——指导性的话

“如果你需要向他人倾诉，或是遇到一个问题让你觉得它会使你在课堂上情绪爆发，那么请在开始上课前把我叫到一边，我们一对一地聊聊天。”

——指导性的话

“如果你对某个同学有意见，你需要亲自和他谈谈。不要陷入‘就是他说的’这类流言的陷阱里。”

——指导性的话

“如果别人用你没做过的事来指责你，不要猛烈回击或是表现出防御的态度。相反，你要耐心有礼地为自己解释为什么你不会那么做。”

——指导性的话

“当你开始把自己和别人比较时，要小心了，这很可能引起嫉妒和不安。这种感觉会转化为彼此的矛盾。”

——指导性的话

“我知道在昨天那样的情况下，你会作出和别人不同的反应。我很高兴地看到你并没有卷入其他同学的矛盾，而是选择完成自己的作业。我知道你可以作出更好的选择，我对你有很高的期望。”

——希望性的话

“昨天我看到你和某位同学在谈你们两个之间的问题，当我看到你努力和同学和睦相处的时候，我真的为你感到骄傲。解决矛盾的能力能够帮助你在未来走得更远。”

——希望性的话

“怎么了？这并不像你的做法。我们谈谈这件事，好吗？”

——关系性的话

“发生什么了？你为什么有这样的反应？为什么不跟我聊聊这件事？告诉我你为什么说这些话，为什么要这么做。”

——理解性的话

总结

宽恕性的话和指导性的话结合使用时，老师能够将学生和他们的行为区分看待，原谅他们犯过的错误，给他们机会去改正错误，帮助学生找到成功的路，培养他们做出恰当的行为。这样学生就能够体验到原谅的力量，积极改正错误并且学着自我管理。

想缓和矛盾先要冷处理再了解原因

要从训诫学生“不能做什么”转变为教会学生“应当做什么”。

——沃什博恩

即使是有最好的预防方案，也还是会有学生矛盾升级为情绪激烈的干扰课堂事件。当这类事件发生时，老师要马上进行干预以缓和矛盾。缓和矛盾的关键在于让学生看到老师如何处理这类情况。老师的反应必须是冷静的，充满关爱的，公平的，镇定的。我们的言行应该向学生传递这样的信息：我关心你们，我真的很想知道这里发生了什么事，但是让我们先各自退一步，冷静一下，之后我们一起讨论这个问题。当学生经历了争执中强烈的情感波动，他们需要时间去冷静，恢复镇定。通过把学生分开，给他们时间冷静的做法，我们增加了未来理智诚恳地讨论问题的可能性。

一旦冷静期结束，学生需要知道老师的最终目的是了解冲突发生的原因，并且帮助他们解决问题。因此老师必须要听矛盾双方的说法，并且尊重事件中每一个人的感受和观点。以下的最佳实践语言范例以尊重、冷静、公正的态度来缓和学生矛盾。老师的话能够让学生放心，他们的心声有人聆听，他们能够有化解问题和解决矛盾的机会。

“这很明显存在问题。我想听听你们双方对这件事的意见，但是首先我们需要各自退一步，冷静一下。”

——责任性的话

“这是大家不能接受的课堂行为，所以你们两个要各自冷静一下，然后谈谈刚才发生了什么。”

——责任性的话

“你们要决定怎样解决这件事——要么是安下心冷静下来，我们在这儿讨论解决问题的方法，要么是把这个问题交给辅导员或校长来解决。”

——指导性的话

“因为我在乎你们，所以我将让你们看到什么是严厉的爱，我会让你们为自己作出的选择负责。当有时间去思索已经发生的这些事时，我们得谈谈以后怎样作出更好的选择。”

——关爱的话

“我现在不会选择支持哪一方。一旦你们冷静下来，我们将坦诚地讨论刚才发生的事情。”

——关系性的话

“我想让你们了解的是我真的很想知道发生了什么，这样我就能帮助你们解决问题。”

——理解性的话

“我关心你们每个人。我想知道这里发生了什么，但是我们所有人现在需要后退一步各自冷静，之后我们一起讨论这个问题。”

——团结性的话

总结

指导性的话和理解性的话结合使用时，老师可以帮助学生找到成功之路，培养恰当的行为，了解学生的观点。这样学生才能够学到自我管理，并且体验到设身处地地理解别人的力量。

想要解决矛盾必须满足学生的四种需要

通过让学生思考自己的决定，计划和实施改正错误的方法，作出承诺并讨论他们从中学到的东西，老师可以使学生对自己的行为负责，并且使积极的关系更加坚固。

——斯特汉

无论学生是否意识到，闹矛盾的学生实际上有四种需要：

1. 被人聆听的需要。所有学生都应该知道他们有机会从自己的角度讲述事情并且不被批评。

2. 听取对方从他的角度讲述这件事的需要。当我们让学生相互倾听对方的观点，让他们站在对方的角度上看待事情，他们将学会理解他人，这是人生中有价值的一课。

3. 揭示真相的需要。了解真实的情况是困难的，矛盾引发的情绪将蒙蔽理智的判断并制造困惑，有的时候学生会忘记引起矛盾的最初原因。通常还有其他学生参与冲突。为了了解真实的情况，老师必须坚持诚实的原则，并且鼓励学生回顾引发矛盾的事件，回想到底发生了什么。

4. 和解的需要。经历矛盾的学生必须要经历和解的过程。有什么比教会他们把矛盾变为友谊，把怒火变为理解，把冲突变为团结更有教育意义呢？

矛盾不会自行消退，学生需要老师的指导才能达成和解。当学生以团结为目标解决了自己的矛盾，他就会变得不那么关注自己的利益，他们开始看到自己对这个班集体的责任。他们将学到更加重视并欣赏他人，更能体会到在一个团结的班级里工作、学习和生活的好处。以下的最佳实践语言范例帮助学生以和解的方式解决矛盾。

“当问题产生时，你是怎么做的（甲学生）？你又是怎么做的（乙学生）？你们怎样做就可使这个矛盾避免发生？”

——责任性的话

“让我们重现刚才发生的事情，我们需要知道事实的真相之后才能决定如何防止争执。”

——责任性的话

“很明显你们都对这件事有很强烈的情绪。我们需要讨论这些愤怒的情绪，一起努力解决矛盾。”

——指导性的话

“我们现在来讨论刚才发生的事情。你们双方都有机会从自己的角度讲述这件事，我希望你们都能够坦诚。我也希望你们能够尊重对方，听听对方的观点，并努力把自己放在对方的角度去看待事情。”

——指导性的话

“先考虑别人的感受不是脆弱的表现——事实上，只有很有勇气的人和大度的人才能做到。”

——关爱的话

“你对某同学说的这些话，对他是非常无礼的。你怎么能这样说呢？”

——尊重性的话

“既然我们已经冷静下来了……那么我们得想想怎样做才能够防止这类矛盾再次发生？”

——理解性的话

“我们三个怎么解决好这个问题防止它以后不再发生呢？”

——团结性的话

“我希望我们所有人都能够面对我们之间的差异，这样我们才能一起努力，一起学习，一起成长。”

——团结性的话

总结

理解性的话和团结性的话结合使用时，老师可以了解学生的观点，在课堂上营造团队合作的氛围，这样学生能够设身处地地理解责任，并通过分工协作，统一观点，通力合作来锻炼团队合作的能力。

好老师请牢记

请记住：如果是触犯纪律问题的事情引发矛盾，要尽可能地接近真相，讨论这种行为的不当之处，告诉学生缓解这一矛盾的好处，而不是使其继续恶化升级。

——宽恕性的话

请记住：与其厌恶课堂上不断制造麻烦的学生，不如宽容他们并且探寻这个问题的原因。

——宽恕性的话

请记住：带着敌对情绪的话是很伤人的，它会使人心生芥蒂，会让学生表现消极。积极宽容的话语能够建立良好的关系，并且使学生的表现更加积极向上。

——宽恕性的话

请记住：当学生正处于争执的剧烈情感之中时，给他们时间冷静下来，平复心情。

——宽恕性的话

请记住：给学生明晰的例子去效仿，当他们即将要产生矛盾的时候。

——指导性的话

请记住：当学生和其他学生产生矛盾需要向人倾诉时，给他们提供向你倾诉的机会。

——关系性的话

第十章

当有学生爱欺负同学时，你该怎么说

在学校里，一个班级小霸王正在向其他同学发火挑衅（比如不停地骚扰、威胁和恐吓其他学生等等），这时候，你该怎么说？

当纪律仅仅是应对扰乱课堂制造混乱的行为，而没有约束学生潜在的行为（比如追求他人关注，发泄愤怒，企图控制他人，感到无聊等等），它取得成功的可能性很低。

——卡尔

人都会生气。认为可以让教室里每个人都快乐是不符合现实的。我们不能阻止学生生气，但我们能够帮助学生学会怎样化解愤怒的情绪，并培养自控能力。若失去自控，学生将在教室里发泄他们的愤怒，肆意挑衅，欺负同学。自控能够防止愤怒和挑衅升级为更有破坏力的暴力行为。

无论一个学生是否有恐吓他人或是怒气发作的迹象，我们的言行要向学生表明我们正在观察这些警示信号，并且准备宽容地给予指导，教会学生负责。我们渴望帮助他们化解问题，以打破破坏性情绪逐步升级的怪圈。

抓住机会说“我理解，我在乎”

当自己的特点被老师发现时，学生认为老师是在乎他的。当被问询意见、参与教学的时候，学生认为老师是在乎他的。当老师激励他进步而不是苛求他完美时，学生知道老师是在乎他的。

——尼尔森

表现出愤怒、好斗、恐吓他人特征的学生实际上是需要我们的帮助。通常愤怒和挑衅的情绪是他们行为的缓冲，这种情绪把他人（同学、家人等）推得更远并且容易滋生孤独感和叛逆感。这些学生来上学时就带着满腹的怒火，或是在学校变得很愤怒——我们能从他们的脸上看出来，能从他们的音调听出来。无论是哪种情况，我们作为老师要时刻注意这些学生，每天调查班里的情况，准备好用适当的言行向这些学生表达我们理解他们，在乎他们的意愿。如下的最佳实践语言范例能有效地表达“我理解，我在乎”的感觉。

“我知道有些事情使你非常不安，我们可以聊聊或者你可以去找辅导员聊一聊。我不想看到此刻愤怒的情绪给你惹来麻烦。”

——指导性的话

“我知道你之前很生气，我是来帮助你的。所以，如果我问你‘发生什么了？’是因为我想确定你仍然在正确的道路上，并能发挥全部的潜力。”

——高期望值的话

“我知道你一直在课上努力保持良好的态度。我希望能够帮你解决困扰你的事情。”

——希望性的话

“你知道吗？即使你不在周围我也在思索能帮助你的办法。我在思考怎样帮助你理解课堂上的一些事，当你心事重重的时候我很担心，我花时间设计课程就是希望每节课都对你有意义。”

——关爱的话

“你现在不想告诉我发生什么了也没有关系,但是当你想说了，我随时愿意听。”

——关系性的话

“你看起来很生气。怎么了？有人打扰到你了吗？”

——理解性的话

总结

关爱的话和理解性的话结合使用时，老师能够更贴近学生的内心世界，愿意无条件地付出爱和关心，了解学生的观点。这样学生能体会到无私的力量，并学着把他人的感受放在首位，也能学会设身处地地理解别人。

给处于激烈情绪中的学生以包容、爱、希望和责任

孩子需要鼓励就像植物需要阳光和水。不幸的是，越需要鼓励的学生得到的鼓励越少，因为他们的行为方式，使我们把他们越推越远，推到让他们沮丧和逆反的境地。

——德克和卡塞尔

最挑战我们的学生，比如情感激烈、行为方式有问题的学生，最需要我们的支持和帮助，但他们往往得到的最少。

——巴贝塔

你曾经被同学欺负过吗？曾经当过别人发泄无名怒火的受害者吗？你当时是什么感觉？有些学生想到学校就会感到害怕，他们专注在学业上的能力被欺负人的学生干扰了。他们对未来热切的期盼和渴望被恐惧和绝望淹没了。每当想到这儿“我就快疯了”。但是当我看到这一章的标题时，我想还是应该给那些爱愤怒挑衅的学生宽容、希望、爱和责任。

给那些挑战我们底线的学生以宽容和爱有时是很难做到的，特别是当我们情绪激动的时候。你想对欺负他人的学生说什么呢？你将怎样解决受欺负同学的需要，同时还要满足欺负人的同学的需要？被欺负的和欺负人的同学都需要你的宽容、希望、爱和理解。

恃强凌弱者必须为他的行为负责。他们需要看到自己把怒火发泄在他人身上的后果，也需要其他方式来化解他们咄咄逼人的情绪，被欺负的学生也同样需要你的支持和指导。你的言行会给他们信心，鼓励他们战胜报复和恐惧的心理。下面的最佳实践语言范例使学生对他们愤怒偏激的行为负责，这些语言给应受惩罚的学生以宽恕，给不可爱的人以关爱，给无望的人以希望。

“在我们这里是不能这样做的。我们有规则和期望来约束我们的行为，它们存在的目的是帮助你和其他所有人。”

——责任性的话

“可能你的生活里发生了一些事情需要我们去探讨和关注，但不应该在教室里以这样的方式表现出来。你的行为对班里的每一个人都有影响，特别是对你自己！”

——责任性的话

“我不允许此类行为在课堂上发生，要么你冷静一下在走廊里和我平心静气地谈谈，要么你去找校长助理或者辅导员谈这个问题。你选择哪种方式，这是你的选择。”

——责任性的话

“你可能已经习惯了周围人的以暴制暴，我不会那样做。事实上我想保持冷静，把精力专注在怎样帮助你解决问题上。”

——宽恕性的话

“我曾经见过你处理此类情况，我知道你这次也能处理好。我们来谈谈你是怎样作出正确处理的。”

——希望性的话

“你现在怒气冲冲，目前显然不是适合谈话的时候，但是我希望你能冷静下来，以便我们深入探究这个问题并将它解决。”

——希望性的话

“我非常在乎你，希望你能够做好。我知道我们可以找到解决这个问题的办法。”

——关爱的话

“我让你离开教室是因为我不想在课堂上单独叫起你。你的行为我不能接受，因为你的行为对老师和同学都太无礼。我们怎么去尝试改变这种情况？”

——尊敬性的话

“看来你需要冷静，我们不如去走廊上平心静气地聊聊吧。”

——理解性的话

“我听说你经常欺负其他同学。为什么喜欢欺负别人呢？让我听听为什么你要这样做？”

——理解性的话

总结

责任性的话和理解性的话结合使用时，老师可以使学生对自己的行为负责，了解学生的观点，这样学生能够培养个人责任感，学会设身处地地理解他人。

打破愤怒、挑衅和恐吓的情绪怪圈

行之有效的纪律是老师用心设计出来的。它来自于相信大多数学生即使是在不利的环境下，也愿意做到最好；来自于相信所有的学生都有希望；来自于老师身上积极向上的力量。只有在基于老师强大的内心力量构建的充满希望和关爱的课堂环境中，纪律才能行之有效。

——曼德勒

我们怎样才能打破愤怒、挑衅等不良情绪的怪圈？有时候情绪愤怒极端的学生会把自己和外在世界隔绝开来。当他人试图帮助他们时，往往得到的回应是“别打扰我”。通常愤怒的学生除了自己的情绪之外看不到自己行为的后果。老师必须用坚持的力量化解学生的极端情绪，特别要注意学生的心理需要。举例来说，如果学生表现出愤怒和挑衅的情绪，老师应当联系辅导员或是学校里的社会工作者。愤怒挑衅的学生需要知道他们有归属感，有很多人在他们身边支持着他们，这些人是关心他们并想要帮助他们的。

老师能帮助学生知道有人关心他们，他们在学校能有更美好的经历。我们同样要鼓励学生有责任感，他们要知道自己的行为也影响着其他同学。我们的目标是帮助学生在能控制住自己的时候悬崖勒马，并认识到自己的行为对人对己都有伤害。老师必须为学生提供化解负面情绪的具体而有效的措施。一旦学生学会怎么化解愤怒，他们就摆脱了不良情绪的怪圈。以下的最佳实践语言范例给所有学生指出了更光明的道路，也可以帮助老师解决课堂上学生的愤怒、挑衅和恐吓他人的行为。

“我希望每个人都清楚这一点——我们的教室是一个安全的地方，绝不允许欺负他人。”

——责任性的话

“别再为上周发过脾气而自责了，你需要原谅自己，继续前进。”

——激励性的话

“如果其他同学欺负你，你要做的是在教室里保证自己的安全并且充满自信。首先有礼貌地告诉他们停止他们的行为，如果他们拒绝，来找我，我来解决问题。”

——指导性的话

“当你感到生气的时候停下来数10个数，在你行动前想想后果。”

——指导性的话

“虽然现在你不想让我打扰你，但是除非我知道发生了什么，否则我无法帮助你。”

——关爱的话

“上学的时候如果你感到很生气，来跟我说。我们一起努力找到解决问题的办法。”

——关系性的话

“我能理解你的感觉（愤怒、悲伤、害怕等等）。那滋味一定很难受。我怎么能帮到你？你想聊聊天吗？有什么我能帮到你的地方吗？”

——理解性的话

“让我们从最初的原因开始谈谈，是什么让你如此愤怒？”

——理解性的话

“让我听听为什么你对（另一个学生）如此愤怒。我们需要弄清这件事，这样我们才能把精力放在学业上。有很多这样的事其实完全是一场误会。”

——理解性的话

“我知道你很生气，我也知道你为什么生气，不过我们需要探讨一种帮助你克制怒气的方式。”

——理解性的话

总结

关系性的话和理解性的话结合使用时，老师可以和班里的学生建立起充满关爱的积极关系。老师只有能够了解学生的所思所想，学生才能和他人培养起受益一生的人际关系，并学会设身处地地理解他人。

好老师请牢记

请记住：如果你不能让学生为自己的行为负责，就会导致学生们习惯于这样一种教室环境——他们看不到自己的行为对他人的影响，任意妄为。

——责任性的话

请记住：对不当行为的惩罚和严苛对待会导致学生发怒或是自暴自弃，这样做的结果是使学生把更多的精力放在挑剔老师的不公正对待上，而不集中精力反省他们自己的行为。帮助学生意识到并接受他们不当行为的后果可以提高他们的个人责任感。

——责任性的话

请记住：有时候孩子调皮捣乱是因为他们没读懂指令。

——鼓励性的话

请记住：没有坏孩子，只是他们做了不好的行为而已。

——宽恕性的话

请记住：无论学生做什么都爱他、尊重他才是真正的宽容。

——宽恕性的话

请记住：与其讨厌那些易怒、偏激爱欺负人的学生，不如宽容他们，探究问题真正的原因。

——宽恕性的话

请记住：有时你没有能力去解决每一个学生的问题，你需要让他们找辅导员来寻求一对一的帮助。

——指导性的话

请记住：当学生情绪激动时，为了缓解这种情况，你可以用请他帮助你做事，并感谢他们的方式。

——指导性的话

请记住：学生需要体验一种深刻的情感——爱。

——关爱的话

请记住：行为上的突然变化或是无端挑衅暗示着这个学生需要你的帮助和关注。

——关系性的话

请记住：没人喜欢受威胁。

——关系性的话

请记住：当面对一个向你挑衅的学生时，退一步，深呼吸，冷静地和学生说话。

——尊重性的话

请记住：有时学生表现出生气烦躁也可能是由于他们的身体不适。

——理解性的话

请记住：那些爱欺负别人的学生大都曾经被别人欺负。

——理解性的话

请记住：如果学生不想和你分享到底发生了什么事，不要强迫他。在他想说的时候准备好去聆听。

——理解性的话

请记住：有时孩子们调皮捣乱是因为他们害怕失败。

——理解性的话

第十一章

当有学生爱找茬儿不合作时，你该怎么说

学生公然向你发起挑战（比如质疑你的决定，蔑视你的权威，拒绝做功课，在全班同学面前顶撞你等等），这时候，你该怎么说？

那些看上去最应当受到我们严厉惩罚的学生实际上是最需要得到老师积极关注的学生。他们过分的举动是要告诉我们，他们想和成人权威形成积极的联系。

——史密斯

当学生拒绝合作或挑战你时，你是否曾问过自己——为什么是我？为什么是现在？为什么学生拒绝合作？为什么他们挑战权威？为什么有些学生不挑战权威？那些挑战你的学生都有独特的“挑战招术”，这些学生一提到学校就会不合作，许多学生首先就不想待在学校，还有些学生只是不喜欢我们。哎呦，他们不喜欢老师，也不信任老师。他们觉得老师小气，总是留很多作业，简直就是从外星上来的。这些不合作、爱挑战老师的学生以令人担忧的方式作出反应。一些学生拒绝做我们要求做的事，其他的一些学生大喊“太无聊了”或是“太蠢了”之类的话。还有学生和我们争论，挑战我们的智力。老师应该怎么做？老师应该说什么呢？

以下的内容给老师提供了一些最佳实践语言的例句，这些话鼓励学生的批判性思维，防止师生角力，营造合作的教室气氛以期达到双赢的目的。

小心：班上有吹毛求疵的学生

当学生质疑你的决定同时质疑你的智力时，你怎么想？当学生口口声声说你的课跟他们无关，对他们根本不重要时，你会说什么？阿尔菲·科恩建议老师去营造一种气氛，鼓励学生挑战自我并挑战周围的人，这很重要。

当学生挑战我们时，我们要扪心自问："这个学生是否真的在挑战我的权威？这是不是他弄清事物本质的方式？是不是他们分享自己观点的方式？"如果我们的目标是鼓励"批判性思维"或是"批判性思考的学生"，我们就要小心不要阻止学生看似像是挑战我们权威的批判性思考——学生们把我们也看作是学习者。我们可以说："这个问题很棒！但老实说，我也不知道答案，我们一起努力来找到答案吧。"

当学生挑战我们时，会在教室里形成一种不良气氛。特别是当学生表现得粗鲁、令人反感、傲慢自大地质疑我们时，我们不能忽视他们的不当行为。然而，我们必须考虑到他们的问题是否体现了批判性思维和他们真正的好奇心。因为我们时刻要和学生相处，我们必须要接近他们，了解他们。当他们问我们为何要学这些内容时，我们要告诉他们为什么。当他们一遍又一遍问问题的时候，我们应该帮他们弄清楚他们学习的内容。如果他们问的问题我们也不知道答案，也要如实告诉他们"我不知道答案，但是让我们一起来找到答案吧"。当他们和我们分享自己的观点时，我们需要重视他们的观点并帮助他们了解其他不同的观点。以下的最佳实践语言范例能够使学生对自己问问题和发表看法的方式负责，并向学生展示鼓励批判性思维和批判性思考型学习者的态度。

“虽然你分享观点的方式不是最好，但这真是一个有趣的观点，我从来没有这么想过。”

——责任性的话

“你思考问题的方式真的很不错。让我们考虑其他的可能性，你做的很好！”

——鼓励性的话

“你的问题非常好，但是你需要去学习怎样问问题。当你粗鲁地问问题时，别人很难听进去你的问题和评论。让我们来讨论怎么以不同的方式问同样的问题。”

——指导性的话

“我知道你有权拥有自己的观点，我希望你能和大家分享。然而你刚才的表达方式是不合适的。不采用这样无礼的方式，仍有很多方法可以告诉他人你的想法。”

——尊重性的话

“我认为我们有误会……让我们一起来讨论一下吧。”

——理解性的话

“这是一个很好的问题——老实说我也不知道答案，让我们共同努力来找答案吧。”

——团结性的话

总结

责任性的话和鼓励性的话结合使用时，老师可以使学生对自己的行为负责，号召大家勇敢地克服困难、障碍、隔阂、失败、恐惧和冷漠。这样能够培养学生的个人责任感，以更好的方式生活，发挥他们的全部潜力。

尽量避免正面冲突

当你强迫时，学生会反抗。

——查尔斯

“我没做作业，我就是不想做。”曾经听到过这些话吗？你说了些什么？你想说什么？通常我们倾向于用权力来压制反抗，特别是当我们处于课堂权威顶端的时候。然而，老师应当避免和学生角力，以牙还牙并用权力压制学生只会造成两败俱伤的局面。

强制在短期内是有效的，但是，能够长时间起作用的只能是改变，彻底的改变。我们建议你用更有说服力的态度对待学生。“我不会强迫你去做，我的工作是教导你并以任何我能做到的方式帮助你，决定权在你手里。”学生必须明白选择合作与否取决于他们自己，他们要为自己的选择负责任。

如果他们不完成作业或选择不合作，会有后果的。我们的责任是帮助他们了解这些后果。

这种具有说服力的态度使学生重新获得选择自己行为的自由，并使学生为自己所作的选择负责。以下的最佳实践语言范例鼓励学生谨慎选择自己的行为，帮助你避免和学生的“权力之争”。

“你说得完全正确，我不能强迫你做作业，但请你记住这个作业的截止期限是本周三。所以请告诉我你计划怎样去完成它。”

——责任性的话

“你的行为与学校的政策相悖。你应该知道这种行为是有严重后果的。”

——责任性的话

“想不想学是你的个人选择，但是我将尽最大努力改变你的观点并使学习更有趣，更吸引人，与未来的工作更有相关性。希望我的课能使你找到你的兴趣和激情所在，这样当你毕业的时候你才能找到一份好工作。”

——希望性的话

“你说得对，我不是你的家长。但是你在我的班里，我管你是对你负责，我很关心你。”

——关爱的话

（学生拒绝离开教室和老师讨论自己的不当行为）“我真的相信我们不用惊动校领导就能解决问题。你自己决定，如果我们不能私下里在互相尊重的基础上解决这个问题，那你就让我别无选择了。我们都有必须要遵守的规定。”

——尊重性的话

“我同意你的观点。我不能强迫你做任何事。我只是尊重你让你自己作出选择——希望你能作出正确的选择。”

——尊重性的话

总结

责任性的话和尊重性的话结合使用时，老师能够使学生对自己的行为负责，并教会学生互敬互爱。这样学生能够培养个人责任感，自尊并尊重他人。

努力创造双赢局面

当我们能为学生们提供尊重又负责的方式来满足他们的需要时，打扰课堂的行为就会不攻自破。学生受益了，因为他们的需要得以满足，并且学会了怎样满足自己的需要，我们也受益了，因为我们可以将精力放在教学上，并给学生提供安全高效不被打扰的学习环境。

——卡尔

怎样做才能创造双赢的局面？当学生挑战我们，我们怎样防止两败俱伤局面的产生？如果我们用强制的方式解决问题，学生就会感到受威胁，他们会退回角落，准备跟你争执。他们认为是你决定了他们，他们在这件事上没有决定权——这就是两败俱伤的情况。如果我们忽视那些挑战我们的难缠学生，他们没有我们的指导会坚持不明智的选择——这也是两败俱伤的情况。

当学生挑战我们的时候，我们必须告诉学生我们的目标并不是在权力角逐中压倒他们。我们必须让学生知道我们和他们一条心，我们最终的目标是让他们成功！我们必须让他们知道当他们成功时，我们也体验了成功的滋味。当我们让学生明白“老师的工作不是为了压制他们”，而是“为了他们的成功而努力工作”时，当学生知道我们是站在他们的立场上，理解并在意他们的情感时，双赢的局面就容易形成。

作为同一阵营的同伴，我们应当帮助学生们了解自己行为的后果。当我们把自己定位于鼓励和指导学生并使学生为自己的选择负责的角色时，我们就创造了双赢局面的开端。以下的最佳实践语言范例可以帮助师生创造双赢的局面。

“我知道这道数学题看起来很难，但是我记得昨天你很好地完成了数学作业。今天的这些题目只是略难而已，想想昨天我们学的内容，今天我将帮助你学点儿新内容。”

——鼓励性的话

“我知道完成这个任务会花费你很多时间和努力，但是我想当你完成它的时候你会感到由衷的高兴和自豪！如果我能帮到你，要让我知道。”

——鼓励性的话

“嘿！别沮丧，别放弃尝试。当我像你这么大时，我当时很挣扎，几乎想放弃。我很庆幸当时自己没放弃。你拥有做这件事需要的一切品质，所以别放弃！”

——鼓励性的话

“这次你做的功课还过得去，但是我觉得你能做得更好，我曾见过你做得更好的作业，你不做到最好我是不会满意的。”

——高期望值的话

“即使现在看起来做（某事）不太可能，但是我知道以你的毅力和天赋，你能找到完成任务的方式。”

——希望性的话

（学生一直说不想做作业）“能让我知道你为什么不愿意做作业吗？是它太难了还是太简单了？还是你对它不感兴趣？让我们抽出点时间来制定一个方案帮助你完成作业吧。”

——理解性的话

“你今天看起来很难熬，告诉我发生什么了？”

——理解性的话

“告诉我你为什么觉得这很无聊，我真的很想知道你是怎么想的，我想让它变得更有意思一些。”

——理解性的话

“你成功的时候我觉得自己也成功了。”

——团结性的话

总结

理解性的话和团结性的话结合使用时，老师可以了解学生的想法，在教室里营造团队合作的气氛，这样学生可以学会设身处地地理解别人，并且通过统一观点、分工协作的方式练习团队合作。

好老师请牢记

请记住：当学生拒绝做作业时，抓住这个可以改变他的机会鼓励他培养个人责任感，而不是重复提醒。

——责任性的话

请记住：对待公然反抗你的学生，最好的方式是使用敦促他负责任的短句，而不是用和稀泥的长句，句子越短，效果越好。

——责任性的话

请记住：当学生在艰苦的努力之后体会到成功的时候，这种经历能激励他们表现得更好，你最好记录下这样的时刻来激励他们。

——鼓励性的话

请记住：有时学生表现出玩世不恭是因为他们想逃避失败。

——鼓励性的话

请记住：宽容是展现对他人耐心和爱的有效方式。

——宽恕性的话

请记住：当你厌恶一个学生时，会影响到你客观处理这个学生问题的能力。

——宽恕性的话

请记住：与其训诫学生“不要做什么”不如给他们帮助和指导，告诉他们“该做什么”。

——指导性的话

请记住：有时学生认为在全班同学面前挑战老师的权威可以显得自己很酷或是提升自己的形象。要小心，不要卷入与学生的“口舌之争”。保持冷静、专业，避免被学生牵着鼻子走。

——指导性的话

请记住：要想达到最佳学习效果，你应当使班级气氛友好。如果一个学生的个性使你恼火，别让此事变成你和他性格的对抗，那样你将有很多的时间花在训诫学生上，而不是花在教学上。

——关系性的话

请记住：学生问的问题可以让我们了解到学生究竟有多信任我们，他们是否感觉到课堂有安全感。

——关系性的话

请记住：当学生认为你要用权力压制他们时，他们会决定对你置之不理或是干脆放弃。

——关系性的话

请记住：你要先尊重学生，学生才会尊重你。在教室里建立相互尊重的关系可以使你的工作更容易做。如果我们的言行不能示范如何尊重他人，当我们谈到尊重时学生就不会理解。

——尊重性的话

请记住：请学生做某事和要学生做某事有巨大的不同。“请求”表现出尊敬，而“要求”是命令的语气，更容易引起逆反心理。

——尊重性的话

请记住：学生问问题并不总意味着他们质疑你的权威。

——理解性的话

请记住：有时候，学生的违抗有可能是因为对理解一个概念感到困难，或是认为课程无聊的信号。

——理解性的话

请记住：有时候学生会把他们沮丧和逆反的情感发泄到无辜的人身上，特别是当他们对人际关系感到无力的时候，很可能会发泄在老师身上。

——理解性的话

第十二章

当需要重申纪律时，你该怎么说

你需要通过班级会议来处理课堂纪律问题（也就是说，这个班马上要失去控制，需要重建秩序，为了保持你在开学第一天强调的课堂规则，你需要开个会），这时候，你该说什么？

唉，你感觉完全不在状态，你的教室要失去控制了。你站在教室前面打算上课，很多学生都在相互交谈，其他学生在开小差，没人注意听讲。要处理一个学生的小动作是一回事，但是现在看来整个班级都失控了。究竟发生了什么？你应该怎么做？应该怎么说？下面的内容为我们提供了重新得到教室控制权的最佳实践语言范例。

能够完全控制课堂只是个传说

大多数学校和教室的纪律中缺乏的都是对于责任明确的关注。应该清晰地阐明每一天每个人该做什么，帮助大家觉得这些事情和自己有关，自己能胜任，能掌控。这样课堂问题就会减少很多。

——柯尔文

作为老师，我们想要一个最佳的教授与学习的环境，但是我们要怎么做才能控制好呢？真的能控制住教室吗？能控制住学生吗？

能够控制住教室意味着什么？通常大家误解为老师控制学生，这正是棘手的问题所在。问题的本质在于老师不能掌控学生的行为，他们只能掌控教室的组织结构，教什么，怎么教，怎么与学生互动，该说些什么。老师的这些选择可以在很大程度上影响学生的行为，不过影响和控制之间还是有区别的。

我们认为学生必须意识到他们要控制自己的行为，作出自己的选择。

老师必须每天跟全班同学强调自我控制的重要性。当我们在全班同学面前提倡并示范正确行为的时候，我们可以帮助学生作出积极的选择。当我们营造一个老师施加的控制较少、学生的自我控制较多的环境的时候，课堂秩序就会有重大进步。帮助学生承担起对自己行为的责任可以有助于建立学生自我管理的课堂氛围。下面的最佳实践语言范例创造了一种推动全班同学朝着自我管理、个人负责这一目标迈进的课堂环境。

“我们的行为的确会给周围的人造成影响。我的目标就是让你们每个人都为你们作出的决定负责。”

——责任性的话

“我打算每天鼓励你们，让你们为自己作出积极的决定。”

——鼓励性的话

“你们可以找我谈心，这个学校还有其他成年人，比如指导顾问、副校长或者校长，你们也可以和他们谈心。”

——指导性的话

“我打算每天鼓励你们为自己的选择负责。”

——指导性的话

“你们在这个学校的最终目标是每天都乐意来学校，作出好的选择，努力做到最好！”

——指导性的话

“可能有时候你被诱惑做出错误的事情——要让我知道，我会尽我所能提供支持和指导，让你作出正确的选择。”

——指导性的话

“当你发现处在一个每个人都在做错事的情景之中，这时候停下来想一想，如果你随波逐流会有什么结果，然后告诉他们你不想参与其中。”

——指导性的话

“下面我们要去礼堂参加学校集会，我知道你会拿出你最好的表现，代表我们全班参赛。”

——高期望值的话

“很抱歉，我出错了。”

——关系性的话

“我很抱歉昨天我感到灰心丧气，因此说话粗声大气。我不应该那么做。”

——关系性的话

总结

高期望值的话和指导性的话相结合的时候，老师可以帮助学生做得更好，帮助学生找到通向成功和正确的行为之路，这样学生才能充分发挥潜力，实现自我管理。

团结的力量：与学生一起进行教室管理

合作的特点是关注别人的观点和需要。支配的重点是老师作为教室中的主导力量，而合作的重点是老师和学生作为一个团队起作用。

——马札诺

之前我们强调了学生应该控制好自己的行为这一点，为了促进积极行为我们可以做些什么呢？我们该在全班同学面前说些什么来激励学生去守规矩呢？当我们团结协作打造一个团体的时候，我们要强调互相帮助、互相欣赏、彼此负责的重要性并且做出榜样。在这样的环境中，学生学会尊重别人，体验他们属于比他们自己更大的集体的感受。下面的最佳实践语言范例通过鼓励学生互相帮助营造出了一种和睦的氛围。

“让我们互相帮助，彼此支持。”

——鼓励性的话

“让我们努力记住一点：没有人是完美的，我们都会犯错误。”

——鼓励性的话

“当你做出错误行为的时候，我最不想做的就是把你叫到办公室。我相信我们可以共同协作解决问题。”

——指导性的话

“在我们这个教室，我们的目标是拥有最好的学习环境和尽可能好的纪律。那也就意味着把注意力放在学习上，互相帮助彼此支持，充分利用好我们每一天的时光。”

——高期望值的话

“昨天我们度过了艰难的一天，不是吗？——不过我相信今天会过得很好！”

——希望性的话

“我们彼此信任十分重要。我想让你知道你可以跟我说任何事情。发生各种状况的时候，记得来找我。”

——关系性的话

“在我们的教室里，我们是一个团队，互相支持互相激励。我们从别人的眼里看见，我们从别人的耳朵里听见——我们是一个整体，彼此尊敬。”

——团结性的话

“为了让我们成功，我们要一起努力，彼此协作。我不可能无处不在，所以我需要你们的帮助来鼓励彼此。”

——团结性的话

总结

指导性的话和团结性的话相结合的时候，老师可以帮助学生找到通向成功和正确的行为之路，在教室里形成团队合作的文化，这样学生就可以通过协作和配合实施自我管理。

班级会议：我们都要参与其中

只有学生们感到他们归属于这个课堂，意识到自己作为成员是很重要的、是得到尊重的，才可能会通力协作。

——查尔斯

有没有什么集体活动可以营造认同感，让正向行为扩大？我们认为班级会议就是答案。

班级会议给我们一个机会讨论班级行为问题、学生关心的问题和改进课堂教学的问题。这些会议给学生提供机会表达他们的思想，他们一致同意找到的解决问题的办法他们才会遵守。我们应该通过班级讨论形成合力，朝着教室中有越来越多的积极行为这一目标迈进。下面的最佳实践语言为怎么打造一个团结的集体提供了可行的范例，可以和全班来分享。

“我们在上周的班会上一致同意用这种方法解决这个问题，现在我们要做的就是按照我们所决定的去做，每个人都为此负责。”

——责任性的话

“让我们说实话吧，你们中的一些人甚至根本没有尝试，因为你们害怕犯错。不要害怕！我们都是从错误中学习的！”

——鼓励性的话

“当有人做了什么伤害了你的感情的时候，跟他们谈论这件事非常重要。一旦你与他们讨论了这个问题，他们道歉了，就让我们尽弃前嫌吧。”

——鼓励性的话

“我们到这儿是来学习的，并不只是学习阅读、写字、数学和科学，还要学习怎么回复别人，怎么与他人互动，怎么称呼别人，怎么分享你的思想，怎么提出你的顾虑，怎么提问题，怎么成为团队的一部分。”

——高期望值的话

“我知道有的时候你会被不得不做的很多事情压垮，不要失去希望。当我有这样的感受时，我会提醒自己每次拿出一天的时间，只做一件事情。”

——希望性的话

“当我质疑你的想法，让你再想想的时候，你要知道我这么做是因为我希望我们能从彼此身上学到东西。”

——关爱的话

“我来这儿是帮助你们每一个人的。找我帮忙或者征求意见请不要犹豫。我的工作就是在这儿提供你需要的关心和注意。”

——关爱的话

“这个问题已经持续足够长的时间了，是时候我们开个班会讨论一下这个问题了。让我们倾听每个人的意见，而且我们应该等别人说完了再开始说话。”

——尊重性的话

“当有访客来到我们教室的时候，我们要欢迎他，让他感到舒服。”

——尊重性的话

“我们升到三年级已经有一阵子了，让我们列一个单子讲讲那些让我们的课堂混乱的事，一起讨论一下这些问题。”

——指导性的话

“这儿有什么问题？我们怎么能一起解决这个问题？”

——团结性的话

总结

团结性的话和高期望值的话相结合的时候，老师可以在教室里孕育一种团队协作的氛围，呈现一种互相赞赏的局面，这样学生可以通过合作来实现自我管理，形成对自己和他人的尊敬。

好老师请牢记

请记住：每一天、每时每刻都要向你的学生强调自我管理、个人责任感、好的行为、与他人相处的重要性。有时候他们可能会听腻了你说同样的事情，但是你不断地重复同样的话，最终他们就会听进去的。

——责任性的话

请记住：你要为你在教室里确立的风格负责。你想让你的学生做什么你就要做出什么样的榜样，要有礼貌，守时，雷厉风行，时刻准备好。

——责任性的话

请记住：让你的学生在一张纸上写下他们对你作为老师都有哪些期望。有时候，作为老师，我们期望从学生身上获得的东西要比他们想从自己身上获得的多。

——高期望值的话

请记住：注意不要把你的班级和其他老师的班级相比较。相反，你应该关注你们班，帮助你的学生做到最好。

——希望性的话

请记住：你希望看到什么，就需要每天为学生做出榜样。学生们看到你心中有希望，相信自己可以做得更好，他们就会效仿你。

——希望性的话

请记住：你得为学生做出榜样，教他们怎么尊重自己，尊重他人。

——尊重性的话

第十三章

当课堂需要增加正能量时，你该怎么说

你想在教室里营造一种积极的氛围（比如每天展示积极的态度，不断地鼓励学生，建立和发展有意义的关系等等），这时候，你该怎么说？

虽然我们整本书都为老师提供了营造积极的教室文化的具体的案例，事实上，许多教育研究者都会参考“二八原则”说大多数之前发生的场景只涉及你们班20%的问题学生。但是，其他的80%的学生呢？那些遵守纪律的学生呢？我们要怎么鼓励他们，让他们保持欢欣鼓舞的态度呢？怎样才能促使学生100%的保持积极的态度？在本章我们要求老师利用下面的最佳实践语言范例来鼓励和促进学生的积极行为。

真的！好行为是夸出来的

学生的乐观心态来自于满怀希望的老师和管理者。在老师们学会满怀希望之前，他们必须寻找满怀希望的人每天互动。

——柯尔文

高兴是一种幸福和满足占主导地位的感觉，很多学生都说在学校里体验不到这种感受。在学生们参加令人愉快的活动，结交值得信任、富有魅力的老师和同学的时候，这种感觉会越来越强烈。老师的热情和领袖气质是可以为他们加分不少的。

——查尔斯

当学生们看到我们的言行的时候，他们会产生什么样的行为？因为有可能受到惩罚心情有点儿忧郁？还是因为得到鼓励和指导而心情大好？今天天气不太好，这样的日子里我们可能会把负面情绪带到工作中来。难道我们要让乌云为这一天蒙上阴影吗？在这样的日子，我们要依靠自己和所有的学生，选择积极的态度，尽我们的全力。

积极的态度为学生树立了好榜样，让他们更加坚毅、专业、竭尽全力。当学生观察我们的时候，他们也会发现或者说预见到他们会成为什么样的成年人。我们积极的话语可以为将来要发生的事情提供乐观的展望。下面给出的最佳实践语言范例可以在情况时好时坏的时候展示给学生积极的人生观和力量。

“不管是不是有人在看着，我们需要总是展现出积极的行为。”

——责任性的话

“我的工作就是鼓励你接受挑战，逾越障碍，尽你的全力！”

——鼓励性的话

“让我们把过去抛在脑后，一起来做真正重要的事情！”

——鼓励性的话

“你知道我们要鞭策、鼓励彼此，保持积极的态度——尤其是在艰难的时刻。”

——希望性的话

“我相信你。”

——关爱的话

“我希望你们尊重我，你们也可以要求我尊重你。”

——尊敬性的话

总结

希望性的话和鼓励性的话结合在一起的时候，老师会激发大家对于更美好的明天的想象，召集同学们有勇气迎接挑战，冲破障碍关卡，战胜失败、挫折、恐惧和冷漠，这样学生会怀着对更美好的未来的希望而努力，活得更好，成为他们可能成为的人。

鼓励是建立积极联系的关键

可以给人带来鼓励的话：

- 我相信你。
- 我信任你。
- 我知道你能处理这件事。
- 我在听你说。
- 我在关心着你。
- 你对我来说非常重要。

——科洛罗索

我们都需要鼓励！当学生们纠结于艰难的抉择的时候，搞不清该怎么做、该选哪条路的时候，我们可以给他们鼓励。我们相信鼓励性的话语可以让学生们鼓起勇气迎接挑战，冲破障碍关卡，战胜失败、挫折、恐惧和冷漠。鼓舞人心的话可以让学生们成为他们可能成为的人。下面的最佳实践语言范例可以为学生提供真诚的鼓励。

“我真的感激你来听课，努力学习，尽力提高。”

——鼓励性的话

“我知道每天你都在越来越努力地学习，你一直在进步。我们将一起继续努力，在年底之前我相信你能有所收获。”

——鼓励性的话

“我想让你知道我为你骄傲。你是那么的努力，对同学总是那么友善。”

——鼓励性的话

“你在向同班同学解释问题方面做得很好。我可以想象有一天你会站到一群同学面前，教他们这些知识。”

——高期望值的话

“通过你今天在数学课上的表现，我很明显地看出你可以修明年的课了。”

——希望性的话

“你付出了很多努力来改进你在课堂上的行为，这不是件容易的事。今天下午，我会打电话给你父母，告诉他们你在做多么伟大的事情！”

——希望性的话

“我很欣赏你今天吃午饭的时候让别的同学拿最后一块比萨的行为。”

——关爱的话

“哇，我看到今天你帮同学开门了。真棒！”

——关爱的话

总结

鼓励性的话和关爱的话结合在一起的时候，老师会让学生们鼓起勇气迎接挑战，冲破障碍关卡，战胜失败、挫折、恐惧和冷漠，这会触动学生的心，显示出老师对学生无条件的爱和关心，这样学生们才能活得更好，能做到他们可以做到的一切，经历和实践无私的力量，达到把别人放在首位的目的。

处理好师生关系事半功倍

师生关系的质量是课堂是否有序的基础。

——马札诺

一个微笑，把手放在肩膀上，叫学生的名字，或者提个问题，这些都能表明你记住了学生提到过的一些事情，这些小的动作事半功倍，不要低估了它们的力量。

——邦迪

老话说，“这跟你学历多高无关，而和你认识谁有关”，在其他情况下可能并非如此，但是在教室控制方面这可绝对是千真万确。我们可能有十分合适的课程计划，很清楚地知道我们要教什么，但是如果我们忘记去了解我们在教什么样的学生，那什么教学计划都没有用。最初你可能觉得不可能与你教的每一个学生建立积极联系，但是其实我们的目标是在某一方面与学生建立联系，让学生也在某些方面与你有关联。你听到他们说什么，或者看到他们做什么，都可以赞美他们。在两节课之间你可以对他们说：“我很感兴趣想知道你是什么样的人，今年我希望能了解你。”下面的最佳实践语言范例可以帮助老师与学生之间建立积极的关系。

“我很感激你为自己作出了这样的决定。”

——鼓励性的话

“当我想到你的能力和才干的时候，我能预见你有一天会成为一名____________。你有能成为____________的所有特质。”

——关系性的话

“在我们班上，你想要别人怎么对待你，你就要怎么对待别人。”

——高期望值的话

“毕业后你有什么计划？我知道你和我说过要去上大学。你申请了哪里？我真为你高兴，如果我能帮上什么忙请告诉我。”

——希望性的话

“你是不是正在考虑长大之后要做点儿什么？考虑一下——什么是你喜欢做的？你想做哪方面的工作？”

——希望性的话

“从现在起一年之内你想做什么？三年之内呢？五年？十年呢？我想听你说说你的梦想。想想我们的未来，能和你一起实现梦想真让人兴奋。”

——希望性的话

"谢谢你今天和邻座分享__________。你那么做非常无私。"

——关爱的话

"让我们谈谈你擅长做什么，你喜欢做什么。"

——关系性的话

"谢谢你说实话。我真的很欣赏你，尊敬你做正确事情的勇气。"

——尊重性的话

总结

关爱的话和关系性的话结合起来使用的时候，老师会触动学生的心灵，展示对学生无条件的爱和关心，和每一个学生建立积极的联系。这样学生可以感受并践行把别人放在第一位的无私的力量，与他人建立起积极的毕生的关系。

好老师请牢记

请记住：要让你的教室里一直有鼓励的话语存在，每天为学生的成功提供机会。

——鼓励性的话

请记住：当学生们找到自己的位置，发现他们的热情所在的时候，他们才能够茁壮成长。所以只要有可能就要支持他们的兴趣，点燃他们的激情。

——鼓励性的话

请记住：学生表现好的时候别忘了给他们的父母打电话，他们很愿意接到关于孩子的肯定的电话。

——鼓励性的话

请记住：再给学生一次机会把事情做好是有妙手回春效果的，承诺给他们第二次机会，给学生们“我能做到这一点”的希望。

——鼓励性的话

请记住：不要总是说“不”，可以考虑向学生说“可以，但要在我的指导下”。

——指导性的话

请记住：抓住每一个机会用微笑和善意的话语问候学生。

——关系性的话

请记住：寻找机会和学生在共同的事情上建立联系。和他们一起走路，一起聊天，一起吃饭，一起笑。

——关系性的话

请记住：当学生感到可以自由发言时，就为教室提供了一种可以培养创造力和学习能力的环境。

——关系性的话

请记住：在你因为纪律问题打电话给学生家长的时候，陈述情况事实的同时要保持积极的心态和尊敬的语气。

——尊敬性的话

请记住：你的大多数时间都要花在努力理解他人、满足他人需求之上。不幸的是，试图理解学生的努力并不总是能换来学生也理解你和你的需求。要在校内和校外都和别人建立关系，这样才能让你的需求得到重视和满足。

——理解性的话

请记住：让家长参与课堂是一个完美的办法，可以对学生的行为产生影响。

——团结性的话

请记住：要保持积极的人生观需要为我们的学生和自己架构可以提供正面支持的关系网。

——团结性的话

第十四章

北美众多明星教师积极推行最佳实践语言

最佳实践语言为我们提供了不一样的解决问题的“起点”，它纠正学校风气、促进家长参与并创造积极的课堂，已经被北美诸多明星教师应用在无数个课堂上，成为推动学校变革的力量。

我们必须允许老师和学生作为整体相互影响，我们必须制定出把学校看成整个社区的政策。我们的孩子和国家的未来都仰仗我们朝这个方向发展。

——诺丁斯

本章要讨论的就是利用最好的实践语言的力量提高我们的专业语言水平，在教室内外打造一个共同体，让学校和教学各方面都得到提升。

提高我们专业语言的力量

想象一下这样的画面：在你们学校、你们的教室里，孩子们都端坐在椅子上，准备好全神贯注听讲，眼神里充满期望，对于你将要与他们分享的知识十分兴奋，很高兴地学习！你能想象到这样的情景吗？那么，怎么样才能达到这样的目的呢？调整合适的课程难易程度是做我们这个职业首先要考虑的，但是我们与学生建立有意义的关系则更有效。

一个新的专业语言标准——最佳实践语言给我们带来了一种期望，也就是说在教室内和教室外，怎么说话终于有了个标准！我们每个人都有责任让教室里的用语达到最佳实践语言的标准。既然学生、家长、其他老师都期望在我们每个教室都听到最佳实践语言，这种语言就有在全校扩散的潜力。换句话说，在你们教室，学生可以期望听到“________”，在我们学校学生期望听到“________”，我们的家长也期望听到“________”，其他老师也期望听到“________”。他们的期望，就是我们的标准！

在教室内外打造共同体的力量

你们的学校是什么样的？你能听到你们学校的使命吗？我们谈论的可不是挂在墙上或者写在学校手册上的愿景或者口号。我们谈的是这样的愿景和使命是如何贯彻执行的，在学校这个社区里是如何付诸实践的！

最佳实践语言可以为学校提供一条实现宣传口号的具体之路。当你们学校中的成员开始对自己和周围人使用的语言关注的时候，团队意识就开始培养起来了。作为学校团队的一员，我们开始检查自己和周围人使用的最佳实践语言，开始思考这个团体的愿景“听上去”是什么样了。

“我希望今年了解你的父母，我计划和他们每个人保持密切联系，这样我们可以帮助你成功！”

“在我们的教室里，我们就是一个团队。我们互相支持，互相激励，我们尊重彼此。”

“去年你做的一些不好的事情不会影响你今年要做的事情。我们今年都要有一个全新的开始！”

“如果把你放在那个位置，你会感觉怎么样？你想被那样对待吗？在我们班，你想别人怎么对你，你就要怎么对待别人。”

“昨天我灰心丧气，大喊大叫，我感到很抱歉。我不应该那样做。”

如果我们用这样的措辞，会怎么样呢？如果我们都用这样的最佳实践语言来与学生、同事、家长等人打交道，你能想象会是什么样吗？“建立一个团结的学校”听上去怎么样？如果个人可以把他们的言行与学校的愿景和使命联系到一起，就可鼓舞员工士气、减轻工作压力、减少老师流动、提高学校风气。

从内部开始改革的力量

老师的压力很大。他们必须制定并且达到每年的教学目标，为他们的学生打造愿景，并且做出榜样。现在，随着考试越来越多元化，在不断提升的责任和不断创新的压力下，现在的老师又被赋予了新的领导职能——要成功地航行于教育的激流之中，带来有意义的变革，这可真不是容易的事。

北美的很多学校已经把最佳实践语言作为教学计划的一部分。具体模式和步骤会在第十五章进行讨论。你会发现“从内部开始的变革”产生了显著的效果，现在我们鼓励老师一见面就互相问对方——“在……的时候你会说什么？”

第十五章

如何挖掘提炼贵校的最佳实践语言

用本章推荐的方式，可以帮助你“挖掘和提炼”已经在贵校存在的最佳实践语言范本，让我们一起来用语言给您的学校掀起一场神奇的变革。

最佳实践语言可以为你们学校提供更加广阔、更加系统的改革动力支持。

提炼最佳实践语言的具体方法

步骤一：重要事项民意测验

利用重大事项民意测验来调查一下你们学校的老师，让他们指出一到三个对于学生学习和老师工作环境有影响的重要事项。（见附录A）

步骤二：当地教育专家民意测验

把重要事项民意测验结果列成表格，确定了你们学校的重要事项后，把当地教育专家民意测验表发下去。当地教育专家是你们学校的全体教职工选出的会对学校的重大事项产生长期、潜在影响的人。（见附录B）

步骤三：情景设计

设计几个情景，描述一下对应每个重大事项可能发生的场景。每个场景应该详细解说，使之尽可能真实。（见附录C）这些场景的设计要记录当地教育专家的最佳实践语言，因此在每个场景中都要问同样的问题：当……的时候你会说什么？

步骤四：收集数据

一旦地方教育专家同意接受采访，教师代表会把那句“当……的时候你会说什么”的答案收集起来用于分析。同时，也可以通过录像、演讲现场等收集教育家们说过的精彩的话，这些话揭示了专业研究人员和学者的说法，可以为解决重大事项提供支持。

步骤五：分析数据

老师代表会讨论、分析当地教育专家的最佳实践语言，提炼出模型（表示责任性的话、指导性的话、希望性的话、关爱的话等等），进一步分析更多可以囊括为最佳实践语言的各种说辞。

步骤六：展示结果和最佳实践语言的采纳

一旦老师代表把地方教育专家的语言精选后导入最佳实践语言模型，这些结果会作为最佳实践语言范本推荐给全体老师，并且鼓励老师在他们的课堂上把最佳实践语言实施起来。

步骤七：在全校整合及提炼最佳实践语言

在学校内发起语言改革，鼓励老师把最佳实践语言应用到他们日常的教学当中，以期产生长期潜移默化的成果。明星教师开始把最佳实践语言作为必不可少的个人工具，继续完善他们的最佳实践语言系统，校领导把它作为学校改革的催化剂，在校园里全面地推广使用。

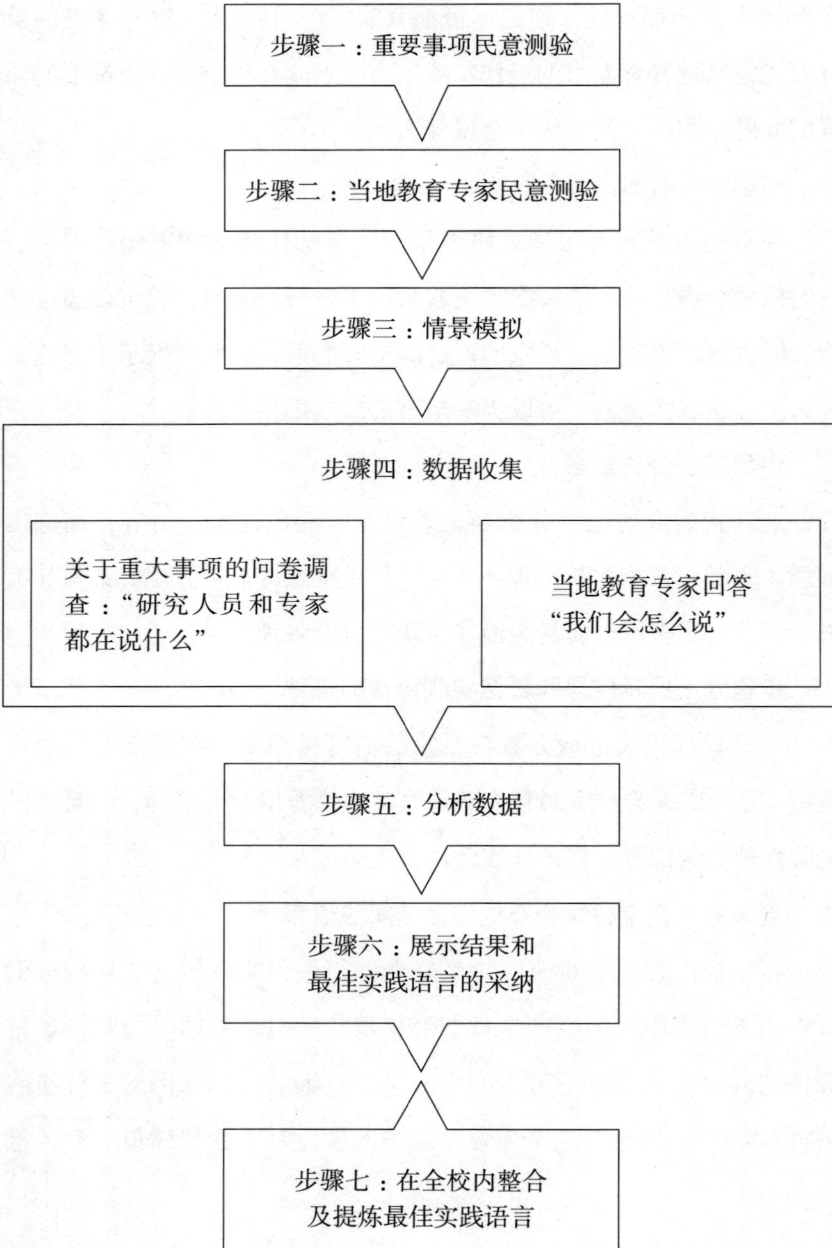
步骤一：重要事项民意测验
步骤二：当地教育专家民意测验
步骤三：情景模拟
步骤四：数据收集
关于重大事项的问卷调查："研究人员和专家都在说什么"
当地教育专家回答"我们会怎么说"
步骤五：分析数据
步骤六：展示结果和最佳实践语言的采纳
步骤七：在全校内整合及提炼最佳实践语言

附录A

重要事项民意测验

请把在我们的学校里，你认为对学生的学习和老师的工作影响最大的、你试图改变的最重要的五件事列下来：

1. ______________________________

____

2. ______________________________

____

3. ______________________________

____

4. ______________________________

____

5. ______________________________

____

附录B

当地教育专家民意测验

下面列出的是通过重要事项民意测验选出的我们学校最重要的三件事。全体老师都认为这些事对于学生学习和老师的工作环境具有重大影响。

在每一个事项下面写下被认为是当地教育专家在处理发现的重要问题方面可靠有威信人物的名字。

事项一：

1. ______________________________

2. ______________________________

事项二：

1. ______________________________

2. ______________________________

事项三：

1. ______________________________

2. ______________________________

附录C

发生下面的情景时你会说什么

在开学第一天你会说什么?

今天是开学第一天，你在定规矩，讨论课堂纪律、指导方针，请大家分享你在教室中希望看到什么样的行为。

对于消极、开小差的学生你会说什么?

在课上你注意到一个学生总是安安静静的，不参与课堂活动（比如拿手机发短信，读课外书，睡觉，做白日梦，看上去局促不安或焦虑，把头放在桌子上，看上去很紧张等等）。

对于总想吸引别人注意的学生你会怎么说?

你有一个学生总是扰乱课堂，总希望被别人关注（也就是总是想吸引别人注意力的人：爱接下茬儿的耍宝大王、左右逢源的小交际花、传播流言蜚语的小密探等等）。

课堂上突然发生了冲突的时候你会说什么?

你想恰当地、郑重地处理好在教室里的突发状况（了解事情发生的原因，在维护学生尊严的同时提高个人的责任感）。

想避免学生在教室里感到尴尬和不安的时候你会说什么？

你想避免学生在教室里感到尴尬和不安（也就是说，害怕失败，不能适应来自同龄人的压力，害羞，害怕被蔑视、被取笑等等）。

为了帮助学生形成对他们自己和其他人的尊重，你会说什么？

学生对于他们自己，同班同学和你没有表现出尊重。

你会说什么来阻止、平息和解决学生之间的冲突？

你看到两个学生在教室里发生冲突（比如言语争论、推推搡搡、肢体冲突等）。

你会说什么来避免和消除学生的愤怒、敌对行为和欺凌弱小的行为？

学生在教室里表现出对其他学生的愤怒和敌对情绪（也就是说，不断地激怒、威胁和欺负同学等等）。

对于拒绝配合，或者还会向你提出挑战的学生你会说什么？

有学生会向你挑战（比如质疑你的决定，质疑你的权威，拒绝做事，在全班人面前与你对抗，在你面前吵吵嚷嚷公然蔑视等）。

在全班同学面前处理纪律问题时你会怎么说？

你需要提前警告全班学生，或者召集班级会议来讨论教室纪律问题（比如要提醒全班同学需要注意的事项，开学第一天设立的规矩就要失控等等）。

你会说什么来鼓励和促使同学们做出积极的行为？

你想在教室里鼓励学生做出积极的行为（每天都表现出积极的态度，不断鼓励学生，形成有意义的关系等等）。

作者介绍

哈尔·霍勒曼　现任东卡罗来纳大学教育领导力方向副教授，曾在小学、初中、高中先后担任教师、副校长和校长。他拥有维克森林大学英语专业文学学士学位、东卡罗来纳大学教育管理专业文学硕士学位及南卡罗来纳大学教育管理博士学位。

目前，他主要的任务是教授和训练北卡罗来纳东部新上任的学校领导们。他目前的研究致力于领导力以及发现各种组织中的“最佳实践语言”。

他与妻子布莱尔、他们的四个孩子卢克、泽克、杰西和麦琪居住在北卡罗来纳州格林维尔镇。

佩吉·耶茨　在教育领域具有三十多年的丰富经验，历任中小学教师、区级课程设置主管和高等教育管理者。她在西弗吉尼亚州慧灵市长大，毕业于慧灵中学。她拥有费尔蒙特州立学院小学教育专业文学学士学位、塔尔顿州立大学教育专业硕士学位和瑞金大学教育领域组织领导力博士学位。

目前，她在东卡罗来纳大学任职助理教授，讲授课堂管理和课程设置方面的教育方法课。

她与丈夫现居北卡罗来纳州梅里山，他们在一起共度了三十八个春秋，有两个出色的孩子——斯蒂芬妮和亚当，还有五个漂亮的孙子女——海利、科尔、罗蕾莱、布兰登和奥斯丁。

“常青藤”书系—中青文教师用书总目录

	书名	书号	定价
	特别推荐——从优秀到卓越系列		
★	从优秀教师到卓越教师：极具影响力的日常教学策略（入选浙江省教师节用书）	9787515312378	33.80
★	从优秀教学到卓越教学：让学生专注学习的最实用教学指南	9787515324227	39.90
★	从优秀学校到卓越学校：他们的校长在哪些方面做得更好	9787515325637	33.80
★	卓越课堂管理（中国教育新闻网2015年度“影响教师的100本书”）	9787515331362	88.00
	名师新经典/教育名著		
	在芬兰中小学课堂观摩研修的365日	9787515363608	49.00
★	马文·柯林斯的教育之道：通往卓越教育的路径（《中国教育报》2019年度“教师喜爱的100本书”，中国教育新闻网“影响教师的100本书”。朱永新作序，李希贵力荐）	9787515355122	49.80
★	如何当好一名学校中层：快速提升中层能力、成就优秀学校的31个高效策略	9787515346519	29.00
★	像冠军一样教学：引领学生走向卓越的62个教学诀窍	9787515343488	49.00
	像冠军一样教学 2：引领教师掌握62个教学诀窍的实操手册与教学资源	9787515352022	68.00
★	如何成为高效能教师（美国最畅销教师用书，销量超过350万册，教师培训第一书）	9787515301747	89.00
★	给教师的101条建议（第三版）（《中国教育报》“最佳图书”奖）	9787515342665	33.00
★	改善学生课堂表现的50个方法（入选《中国教育报》“影响教师的100本书”）	9787500693536	33.00
	改善学生课堂表现的50个方法操作指南：小技巧获得大改变	9787515334783	29.00
★	优秀教师一定要知道的17件事（美国当前最有影响教育畅销书作者全新力作）	9787515342726	23.00
	美国中小学世界历史读本 / 世界地理读本 / 艺术史读本	9787515317397等	106.00
	美国语文读本1-6	9787515314624等	252.70
	和优秀教师一起读苏霍姆林斯基	9787500698401	27.00
	快速破解60个日常教学难题	9787515339320	39.90
★	美国最好的中学是怎样的——让孩子成为学习高手的乐园	9787515344713	28.00
	建立以学习共同体为导向的师生关系：让教育的复杂问题变得简单	9787515353449	33.80
	教师成长/专业素养		
	卓越教师工具包：帮你顺利度过从教的前5年	9787515361345	49.00
★	可见的学习与深度学习：最大化学生的技能、意志力和兴奋感	9787515361116	45.00
	学生教给我的17件重要的事：带给你爱、勇气、坚持与创意的人生课堂	9787515361208	39.80
★	教师如何持续学习与精进	9787515361109	39.00
	从实习教师到优秀教师	9787515358673	39.90
	像领袖一样教学：改变学生命运，使学生变得更好（中国教育新闻网2015年度“影响教师的100本书”）	9787515355375	49.00
★	你的第一年：新教师如何生存和发展	9787515351599	33.80
	教师精力管理：让教师高效教学，学生自主学习	9787515349169	28.00
	如何使学生成为优秀的思考者和学习者：哈佛大学教育学院课堂思考解决方案	9787515348155	39.80
	反思性教学：一个已被证明能让所有教师做到最好的培训项目（30周年纪念版）	9787515347837	49.00
★	凭什么让学生服你：极具影响力的日常教育策略（中国教育新闻网2017年度“影响教师的100本书”）	9787515347554	28.00
	运用积极心理学提高学生成绩（中国教育新闻网2017年度“影响教师的100本书”）	9787515345680	39.80
	可见的学习与思维教学：成长型思维教学的54个教学资源：教学资源版	9787515354743	36.00
★	可见的学习与思维教学：让教学对学生可见，让学习对教师可见（中国教育报2017年度“教师最喜爱的100本书”）	9787515345000	29.80

	书名	书号	定价
	教学是一段旅程：成长为卓越教师你一定要知道的事	9787515344478	39.00
	安奈特·布鲁肖写给教师的101首诗	9787515340982	35.00
	万人迷老师养成宝典学习指南	9787515340784	28.00
	中小学教师职业道德培训手册：师德的定义、养成与评估	9787515340777	32.00
	成为顶尖教师的10项修炼（中国教育新闻网2015年度“影响教师的100本书”）	9787515334066	35.00
★	T. E. T. 教师效能训练：一个已被证明能让所有年龄学生做到最好的培训项目（30周年纪念版）（中国教育新闻网2015年度“影响教师的100本书”）	9787515332284	49.00
	教学需要打破常规：全世界最受欢迎的创意教学法（中国教育新闻网2015年度“影响教师的100本书”）	9787515331591	45.00
	10天卓越教师自我培训（教育家安奈特·布鲁肖顶尖卓越教师培训教材）	9787515329925	29.00
	给幼儿教师的100个创意：幼儿园班级设计与管理 / 为幼升小做准备	9787515330310等	58.00
	给小学教师的100个创意：发展思维能力	9787515327402	29.00
	给中学教师的100个创意：如何激发学生的天赋和特长 / 杰出的教学 / 快速改善学生课堂表现	9787515330723等	87.90
	以学生为中心的翻转教学11法	9787515328386	29.00
	如何使教师保持职业激情	9787515305868	29.00
★	如何培训高效能教师：来自全美权威教师培训项目的建议	9787515324685	32.00
	良好教学效果的12试金石：每天都需要专注的事情清单	9787515326283	29.90
★	让每个学生主动参与学习的37个技巧	9787515320526	45.00
	给教师的40堂培训课：教师学习与发展的最佳实操手册	9787515352787	39.90
	提高学生学习效率的9种教学方法	9787515310954	27.80
★	优秀教师的课堂艺术：唤醒快乐积极的教学技能手册	9787515342719	26.00
★	万人迷老师养成宝典（第2版）（入选《中国教育报》“2010年影响教师的100本书”）	9787515342702	39.00
	高效能教师的9个习惯	9787500699316	26.00
	课堂教学/课堂管理		
★	高度参与的线上线下融合式教学设计：极具影响力的备课、上课、练习、评价项目教学法	9787515364438	49.00
	跨学科项目式教学：通过“+1”教学法进行计划、管理和评估	9787515361086	49.00
	课堂上最重要的56件事	9787515360775	35.00
★	全脑教学与游戏教学法	9787515360690	39.00
★	深度教学：运用苏格拉底式提问法有效开展备课设计和课堂教学	9787515360591	49.90
★	一看就会的课堂设计：三个步骤快速构建完整的课堂管理体系	9787515360584	39.90
	如何有效激发学生学习兴趣	9787515360577	38.00
	如何解决课堂上最关键的9个问题	9787515360195	49.00
	多元智能教学法：挖掘每一个学生的最大潜能	9787515359885	39.90
★	探究式教学：让学生学会思考的四个步骤	9787515359496	39.00
	课堂提问的技术与艺术	9787515358925	49.00
	如何在课堂上实现卓越的教与学	9787515358321	49.00
	基于学习风格的差异化教学	9787515358437	39.90
★	如何在课堂上提问：好问题胜过好答案	9787515358253	39.00
★	高度参与的课堂：提高学生专注力的沉浸式教学	9787515357522	39.90
	让学习变得有趣	9787515357782	39.00

	书名	书号	定价
★	如何利用学校网络进行项目式学习和个性化学习	9787515357591	39.90
	基于问题导向的互动式、启发式与探究式课堂教学法	9787515356792	49.00
	如何在课堂中使用讨论：引导学生讨论式学习的60种课堂活动	9787515357027	38.00
	如何在课堂中使用差异化教学	9787515357010	39.90
★	如何在课堂中培养成长型思维	9787515356754	39.90
	每一位教师都是领导者：重新定义教学领导力	9787515356518	39.90
★	教室里的1-2-3魔法教学：美国广泛使用的从学前到八年级的有效课堂纪律管理	9787515355986	39.90
	如何在课堂中使用布卢姆教育目标分类法	9787515355658	39.00
	如何在课堂上使用学习评估	9787515355597	39.00
	7天建立行之有效的课堂管理系统：以学生为中心的分层式正面管教	9787515355269	29.90
	积极课堂：如何更好地解决课堂纪律与学生的冲突	9787515354590	38.00
	设计智慧课堂：培养学生一生受用的学习习惯与思维方式	9787515352770	39.00
	追求学习结果的88个经典教学设计：轻松打造学生积极参与的互动课堂	9787515353524	39.00
	从备课开始的100个课堂活动设计：创造积极课堂环境和学习乐趣的教师工具包	9787515353432	33.80
	老师怎么教，学生才能记得住	9787515353067	48.00
	多维互动式课堂管理：50个行之有效的方法助你事半功倍	9787515353395	39.80
	智能课堂设计清单：帮助教师建立一套规范程序和做事方法	9787515352985	49.90
	提升学生小组合作学习的56个策略：让学生变得专注、自信、会学习	9787515352954	29.90
	快速处理学生行为问题的52个方法：让学生变得自律、专注、爱学习	9787515352428	39.00
	王牌教学法：罗恩·克拉克学校的创意课堂	9787515352145	39.80
	让学生快速融入课堂的88个趣味游戏：让上课变得新颖、紧凑、有成效	9787515351889	39.00
★	如何调动与激励学生：唤醒每个内在学习者（李希贵校长推荐全校教师研读）	9787515350448	39.80
	合作学习技能35课：培养学生的协作能力和未来竞争力	9787515340524	59.00
	基于课程标准的STEM教学设计：有趣有料有效的STEM跨学科培养教学方案	9787515349879	68.00
	如何设计教学细节：好课堂是设计出来的	9787515349152	39.00
	15秒课堂管理法：让上课变得有料、有趣、有秩序	9787515348490	33.80
	混合式教学：技术工具辅助教学实操手册	9787515347073	39.80
	从备课开始的50个创意教学法	9787515346618	29.00
	中学生实现成绩突破的40个引导方法	9787515345192	33.00
	给小学教师的100个简单的科学实验创意	9787515342481	39.00
	老师如何提问，学生才会思考	9787515341217	33.80
	教师如何提高学生小组合作学习效率	9787515340340	39.00
	卓越教师的200条教学策略	9787515340401	49.90
	中小学生执行力训练手册：教出高效、专注、有自信的学生	9787515335384	33.80
	从课堂开始的创客教育：培养每一位学生的创造能力	9787515342047	33.00
	提高学生学习专注力的8个方法：打造深度学习课堂	9787515333557	35.00
	改善学生学习态度的58个建议	9787515324067	36.00
★	全脑教学（中国教育新闻网2015年度"影响教师的100本书"）	9787515323169	38.00
★	全脑教学与成长型思维教学：提高学生学习力的92个课堂游戏	9787515349466	39.00
★	哈佛大学教育学院思维训练课	9787515325101	36.00
	完美结束一堂课的35个好创意	9787515325163	28.00
	如何更好地教学：优秀教师一定要知道的事（被英国教育界奉为圣经的教学用书）	9787515324609	36.00

	书名	书号	定价
	带着目的教与学	9787515323978	28.00
★	美国中小学生社会技能课程与活动（学前阶段/1-3年级/4-6年级/7-12年级）	9787515322537等	153.80
	彻底走出教学误区：开启轻松智能课堂管理的45个方法	9787515322285	28.00
	破解问题学生的行为密码：如何教好焦虑、逆反、孤僻、暴躁、早熟的学生	9787515322292	36.00
	13个教学难题解决手册	9787515320502	28.00
★	让学生爱上学习的165个课堂游戏	9787515319032	39.00
	美国学生游戏与素质训练手册：培养孩子合作、自尊、沟通、情商的103种教育游戏	9787515325156	49.00
	老师怎么说，学生才会听	9787515312057	39.00
	快乐教学：如何让学生积极与你互动（入选《中国教育报》"影响教师的100本书"）	9787500696087	29.00
★	老师怎么教，学生才会提问	9787515317410	29.00
★	快速改善课堂纪律的75个方法	9787515313665	28.00
★	教学可以很简单：高效能教师轻松教学7法	9787515314457	39.00
★	好老师可以避免的20个课堂错误（入选《中国教育报》"影响教师的100本图书"）	9787500688785	39.90
★	好老师应对课堂挑战的25个方法（《给教师的101条建议》作者新书）	9787500699378	25.00
★	好老师激励后进生的21个课堂技巧	9787515311838	39.80
★	开始和结束一堂课的50个好创意	9787515312071	29.80
	好老师因材施教的12个方法（美国著名教师伊莉莎白"好老师"三部曲）	9787500694847	22.00
★	如何打造高效能课堂（美国《学习》杂志"教师必选"奖，"激励教师组织"推荐书目）	9787500680666	29.00
	合理有据的教师评价：课堂评估衡量学生进步	9787515330815	29.00
	班主任工作/德育		
★	北京四中8班的教育奇迹	9787515321608	36.00
★	师德教育培训手册	9787515326627	29.80
	中小学教师职业道德培训手册：师德的定义、养成与评估	9787515340777	32.00
★	好老师征服后进生的14堂课（美国著名教师伊莉莎白"好老师"三部曲）	9787500693819	39.90
	优秀班主任的50条建议：师德教育感动读本（《中国教育报》专题推荐）	9787515305752	23.00
	学校管理/校长领导力		
★	学校管理最重要的48件事	9787515361055	39.80
	重新设计学习和教学空间：设计利于活动、游戏、学习、创造的学习环境	9787515360447	49.90
	重新设计一所好学校：简单、合理、多样化地解构和重塑现有学习空间和学校环境	9787515356129	49.00
	让樱花绽放英华	9787515355603	79.00
	学校管理者平衡时间和精力的21个方法	9787515349886	29.90
	校长引导中层和教师思考的50个问题	9787515349176	29.00
	如何定义、评估和改变学校文化	9787515340371	29.80
	优秀校长一定要做的18件事（入选《中国教育报》"2009年影响教师的100本书"）	9787515342733	39.90
	学科教学/教科研		
	人大附中整本书阅读取胜之道：让阅读与作文双赢	9787515364636	59.90
	北京四中语文课：千古文章	9787515360973	59.00
	北京四中语文课：亲近经典	9787515360980	59.00
	从备课开始的56个英语创意教学：快速从小白老师到名师高手	9787515359878	49.90
	美国学生写作技能训练	9787515355979	39.90
	《道德经》妙解、导读与分享（诵读版）	9787515351407	49.00
	京沪穗江浙名校名师联手教你：如何写好中考作文	9787515356570	49.90

书名	书号	定价
京沪穗江浙名校名师联手授课：如何写好高考作文	9787515356686	49.80
★ 人大附中中考作文取胜之道	9787515345567	39.80
★ 人大附中高考作文取胜之道	9787515320694	33.80
★ 人大附中学生这样学语文：走近经典名著	9787515328959	33.80
四界语文（中国教育报2017年度“教师喜爱的100本书”）	9787515348483	49.00
让小学一年级孩子爱上阅读的40个方法	9787515307589	39.90
让学生爱上数学的48个游戏	9787515326207	26.00
轻松100课教会孩子阅读英文	9787515338781	88.00
情商教育/心理咨询		
9节课，教你读懂孩子：妙解亲子教育、青春期教育、隔代教育难题	9787515351056	39.80
★ 学生版盖洛普优势识别器（独一无二的优势测量工具）	9787515350387	169.00
与孩子好好说话（获“美国国家育儿出版物（NAPPA）金奖”，沟通圣经）	9787515350370	39.80
中小学心理教师的10项修炼	9787515309347	36.00
★ 别和青春期的孩子较劲（增订版）（入选《中国教育报》“2009年影响教师的100本书”）	9787515343075	28.00
★ 100条让孩子胜出的社交规则	9787515327648	28.00
守护孩子安全一定要知道的17个方法	9787515326405	32.00
幼儿园/学前教育		
用蒙台梭利教育法开启0～6岁男孩潜能	9787515361222	45.00
德国幼儿的自我表达课：不是孩子爱闹情绪，是她/他想说却不会说！	9787515359458	59.00
德国幼儿教育成功的秘密： 近距离体验德国学前教育理念与幼儿园日常活动安排	9787515359465	49.80
美国儿童自然拼读启蒙课：至关重要的早期阅读训练系统	9787515351933	49.80
幼儿园30个大主题活动精选：让工作更轻松的整合技巧	9787515339627	39.80
★ 美国幼儿教育活动大百科：3–6岁儿童学习与发展指南用书 科学／艺术／健康与语言／社会	9787515324265等	600.00
蒙台梭利早期教育法：3–6岁儿童发展指南（理论版）	9787515322544	29.80
蒙台梭利儿童教育手册：3–6岁儿童发展指南（实践版）	9787515307664	33.00
★ 自由地学习：华德福的幼儿园教育	9787515328300	29.90
赞美你：奥巴马给女儿的信	9787515303222	36.00
史上最接地气的幼儿书单	9787515329185	39.80
教育主张/教育视野		
学习的科学：每位教师都应知道的77项教育研究成果	9787515364094	59.00
真实性学习：如何设计体验式、情境式、主动式的学习课堂	9787515363769	49.00
哈佛前1%的秘密（俞敏洪、成甲、姚梅林、张梅玲推荐）	9787515363349	59.90
基于七个习惯的自我领导力教育设计：让学校育人更有道，让学生自育更有根	9787515362809	69.00
终身学习：让学生在未来拥有不可替代的决胜力	9787515360560	49.90
颠覆性思维：为什么我们的阅读方式很重要	9787515360393	39.90
如何教学生阅读与思考：每位教师都需要的阅读训练手册	9787515359472	39.00
“互联网+”时代，如何做一名成长型教师	9787515340302	29.90
教出阅读力	9787515352800	39.90
为学生赋能：当学生自己掌控学习时，会发生什么	9787515352848	33.00
如何用设计思维创意教学：风靡全球的创造力培养方法	9787515352367	39.80
如何发现孩子：实践蒙台梭利解放天性的趣味游戏	9787515325750	32.00

	书名	书号	定价
	如何学习：用更短的时间达到更佳效果和更好成绩	9787515349084	49.00
	教师和家长共同培养卓越学生的10个策略	9787515331355	27.00
★	如何阅读：一个已被证实的低投入高回报的学习方法	9787515346847	39.00
★	芬兰教育全球第一的秘密（钻石版）（《中国教育报》等主流媒体专题推荐，台湾地区教育类畅销书榜第一名）	9787515359922	59.00
	世界最好的教育给父母和教师的45堂必修课（《芬兰教育全球第一的秘密》2）	9787515342696	28.00
★	杰出青少年的7个习惯（精英版）（中小学图书馆推荐书目、中国青少年必读书目）	9787515342672	39.00
	杰出青少年的7个习惯（成长版）	9787515335155	29.00
★	杰出青少年的6个决定（领袖版）（中小学图书馆推荐书目、中国青少年必读书目、全国优秀出版物奖）	9787515342658	49.90
★	7个习惯教出优秀学生（第2版）（全球第一畅销书《高效能人士的七个习惯》教师版）	9787515342573	39.90
	学习的科学：如何学习得更好更快（入选中国教育网2016年度"影响教师的100本书"）	9787515341767	39.80
	杰出青少年构建内心世界的5个坐标（中国青少年成长公开课）	9787515314952	59.00
★	跳出教育的盒子（第2版）（美国中小学教学经典畅销书）	9787515344676	35.00
	夏烈教授给高中生的19场讲座（入选《中国教育报》"2013年最受教师欢迎的100本书"）	9787515318813	29.90
★	学习之道：美国公认经典学习书	9787515342641	39.00
★	翻转学习：如何更好地实践翻转课堂与慕课教学（中国教育新闻网2015年度"影响教师的100本书"）	9787515334837	32.00
★	翻转课堂与慕课教学：一场正在到来的教育变革	9787515328232	26.00
	翻转课堂与混合式教学：互联网+时代，教育变革的最佳解决方案	9787515349022	29.80
	翻转课堂与深度学习：人工智能时代，以学生为中心的智慧教学	9787515351582	29.80
★	奇迹学校：震撼美国教育界的教学传奇（中国教育新闻网2015年度"影响教师的100本书"）	9787515327044	36.00
★	学校是一段旅程：华德福教师1-8年级教学手记	9787515327945	49.00
★	高效能人士的七个习惯（30周年纪念版）（全球畅销书）	9787515360430	79.00

改善学生学习态度的58个建议

学习态度决定学习成绩

作 者：（美）巴鲁蒂·卡费勒

ISBN：978-7-5153-2406-7

出版时间：2014.8

定 价：36.00元

★ 美国教育界奥斯卡奖“密尔肯全美教育奖”获得者全新作品

★ 你会因他的“教师境遇”而会心一笑，因他教出来的“生命转变”而热泪盈眶。仿佛就坐在他的教室里，体验每一个感动时刻……

★ 作者卡费勒校长，从事教育工作数十年，在任小学教师期间，获得“年度优秀教师奖”。在中学任教时，他推动了四所不同学校的教学改革，帮助学校摆脱教学水平不佳的困境，三次带领学校入选“全美最佳高中”。

美国教育界最高奖项“密尔肯全美教育奖”获得者巴鲁蒂·卡费勒教授，分享了多年来打造“卓越教室”的洞见与智慧，包括如何改善跟学生的关系，如何与家长互为伙伴，邀请他们一起来帮助学生，如何在维持学生学业和品格高标准的同时，创造无穷乐趣……几十年教学经验总结出优秀教师所秉持的信念、行为和准则，探讨了以下主题：老师对学生的态度、老师与学生的关系、老师的同理心、学习环境，提出教师反思性教学，以及改善学生学习态度的58个建议，让老师们不断审视和改进教学方法，最终帮助学生点燃学习激情。字里行间不见深奥理论，只见热爱学生的老师启迪学生心灵，把他们最好的一面激发出来。

智能课堂设计清单

帮助教师建立一套规范程序和做事方法

作者：[美] 史蒂夫·斯普林格
布兰迪·亚历山大
金伯莉·伯斯安尼

定价：49.90元

出版社：中国青年出版社

ISBN：978-7-5153-5298-5

获美国《学习》杂志“教师必选奖”

获《中国教育报》“教师喜爱的100本书”奖

加州大学洛杉矶分校（UCLA）等名校追捧的课堂管理模式

美国教育界“金苹果”奖、麦格劳-希尔奖明星教师经典之作

这是一个真实的课堂，有趣极具吸引力的智能课堂；一套系统、严谨的规范程序，一条清晰的成长路径；100多种清单、图表、范例、步骤和方法，简单、具体、高效，可直接复制，让课堂教学秩序井然；用设计“清单”，持续、正确、高效地把工作做好，确保学生获得更为有效的学习体验。

- ◎ 智能教室布置设计
- ◎ 行为管理方法
- ◎ 课堂管理工具箱
- ◎ 教室外活动清单
- ◎ 课堂教学技巧
- ◎ 课程标准和要求
- ◎ 考试和评估清单
- ◎ ……